予定調和から連鎖調和へ

アセンション後、
世界はどう変わったか

ノートルダム清心女子大学教授
保江邦夫

風雲舎

（まえがき）新しい次元世界に入った

去年の二〇一二年十二月二十二日。

周りにいる人々は妙に興奮していた。

「アセンションが完了した」

「この日を境に、世の中が変わった」

「新しい時代が始まるぞ」

などと騒いでいた。

ふーん、そんなものかな……。

僕はそんなことはどこ吹く風とのんびり生きていた。僕自身は世の中が変わるなんてまったく考えていなかったし、マヤ暦が終わってこれまでの地球にピリオドが打たれ、古い地球が滅びて次元上昇《アセンション》する——なんていう話は絵空事だと思っていた。それは単にその区切りが終わるだけで、実際に、具体的にこの世の中が変わるなんて微塵《みじん》も考えていなかったし、世の中がそんなふうにして変わるとは思いもしなかった。

世間はアセンション、アセンションと騒いでいたが、その直前の十一月末に、僕はエジプトに行き、ギザの大ピラミッドの「王の間」で姪っ子相手に「ハトホルの秘儀」を成就《じょうじゅ》していた。ハトホルの秘儀というのは、その昔、青年イエスがマグダラのマリア相手に同じ王の間で行なったハトホルの女神に関連するものだということを事前に知っていたからだ。イエスは自分の身体から己の魂を解放させ、マグダラのマリアの魂と一緒に王の間の壁に入り、ふたつの魂を重ね合わせることで「覚醒」したのだという。そもそもこの秘儀は人間を覚醒させるものだという。その結果、人間イエスは救世主キリストとなり、救世主キリストは多くの人々に奇跡を施していったのだと。

僕は十一月に行ったエジプト旅行でその秘儀を成就させていた。じつはその秘儀を行なっていた最中、邪魔が入ったため失敗したと思っていたところ、ちゃんと成就できたことを、同じ旅行ツアーに参加していた初対面の女性井口まどかさんから教えてもらっていた。だが、その秘儀を成就した後でも、内心では、「だからどうしたの、だから何なの？」と、関心はあまりそれに向かわなかった。

しかしエジプトから帰国するといろいろなところで自分の体験を話す機会が増え、ハトホルの秘儀を行なったあの王の間に高次元で自分の魂をつなぐと、周囲の人たちが活き活きとしてくる現象が起きるようになり、その「次元転移」という自分の経験を話すたびに、自分が行なった行為の意味と重みをだんだん意識するようになった。

とくに暮れの十二月十九日、元官僚ＯＢたちの集まる席でこの話をすると、「では実際にやっていただけませんか」と懇請され、しかたなく帝国ホテル本館三階の舞の間という会場をピラミッドの王の間につないだ。その途端、集会の中にいた一人の女性が気持ち悪くなって倒れそうになったので僕はすぐやめた。その女性はだんだん元気になり、あとで「迷惑をかけました」と詫びにこられた。「こちらこそご迷惑をおかけしました」と謝ると、彼女は偶然にしてはありえないような話を始めた。

およそ三十年前、まだ三十代だった彼女は外交官の父親のお供でエジプトに行き、当時の大統領の特別な計らいでギザの大ピラミッドの王の間に入れてもらった。ところが王の間に入った瞬間、どういうわけか気持ちが悪くなって倒れてしまい、すぐ救急車で病院に運ばれてちょっとした騒動になった。さきほどあなたが次元転移をやりはじめたら、なぜかその当時の状況とまったく同じようになって、またまたあのときと同じように気持ちが悪くなったのだと。

僕はそれを聞いて、あ、これは嘘ではない、次元転移は僕の勝手なつくりごとではなかった、ギザの大ピラミッドの王の間と僕の魂はほんとうにつながっていたのだと確信した。それまでは単に感覚的に、観念的につながっていると自分勝手に思っていただけなのに、初めて出会った人から三十年前にピラミッドの中に入ったときと同じことが起きたという具体的な証拠を提示された。彼女の告白は、思いもかけず僕の思いを傍証してくれる格好になった。僕は心底驚いた。これはホンモノだ、すごいものだと。

イエスは三十代の頃、マグダラのマリアの案内で、ピラミッドの王の間に入ってハトホルの秘儀を受けたという。その後のイエスはあちこちを転々として、そのハトホルの秘儀という次元転移をやっていた。それは後にいわれるキリストの超能力でもなんでもなく、ただただ具合悪い人がいればその場に行き、結婚式の披露宴があればその場に行き、娼婦の館があればその場に行って、その場をギザの大ピラミッドの王の間に高次元でつないだ。ただそれだけだった。すると病の人は治り、水瓶《みずがめ》の水はワインになり、嵐の海の上を歩き——というような奇跡が続々と起きた。キリストの奇跡と呼ばれる故事はそれだった、と僕はなぜか直感できた。だから、これはほんとうにすごいことなんだと。

その意味で、帝国ホテルでの体験は僕にとって意味深いものになった。古い地球次元の最後の最後のぎりぎりになって、ハトホルの秘儀に参入することで手に入れた次元転移の意味が僕にもやっと理解できた。

そうだったのか！

内心、僕は小躍りして、一人でほくそえんでいた。それから僕はいろんな場所をしょっちゅう高次元でギザの大ピラミッドにつないだ。暇になったら、喫茶店に行って、電車に乗って、東京に出てくる新幹線の中で、至るところを王の間につなぎ、いったい何が起きるんだろうと興味津々《しんしん》だった。

そういうふうにして、自分をギザの大ピラミッドの中に高次元でつなぎ、僕はそこに存在しながら十二月二十二日を迎えた。十二月二十一日から二十二日にかけて切り替わるというアセンションの瞬間に何が起こるのだろうと夜空を見上げていた人たちがけっこういたようだが、僕はそんなことは完全に忘れて、ひたすら次元転移をやっていた。そして気がついたら二十三日になった。案の定、何も起きなかった。

僕は、その前後、僕のいるところすべてをギザの大ピラミッドにつなぐことで、しょっちゅう高次元の世界にいつづけた。それによって、恐らく次元が変わるときに僕は特別の優待券をもらえることになるのだろうと一人ほくそえんでいた。僕だけの特別優待券をもらうことができる。だから僕の願望が実現する新世界に入っていけると期待していた。だが、何も起こらなかった。

そんな、バカな！

あれほどアセンションで宇宙が変わるなどと世間に吹聴《ふいちょう》し、たくさんの本を出版したスピリチュアルマニアたちは急に鳴りを潜め、そんなことを広めようと世の中を煽《あお》っていた側にはいなかったかのような言動に終始している。まさに愚かの極みだし、僕はそんな人たちがいちばん嫌いだ。おまけに、人一倍の天邪鬼《あまじゃく》。

誰一人としてアセンションしたなどと言わなくなった今こそが、僕の出番。他の誰もが見落としていたこの世界の変化に気づくことができるのは、次元転移というイエス・キリストもやっていたかもしれないことを自在に操ることができるようになったこの僕以外にはいない。それこそが、アセンションの直前にギザの大ピラミッドの王の間でハトホルの秘儀に参入した神意だったのではないか！

そう直感した僕は、二〇一二年十二月二十三日からは世の中に隠されていた些細な変化に異様に敏感に反応するようになり、じつはほんとうにこの世界が変わってきていることに気づいた。その変化は現在進行形で進んでいるだけでなく、我々自身がその変化を取り込みながら変化そのものの流れを変えたり、あるいは自分の立ち位置をどの世界に置くかということまでも決めていくことができるということもわかった。

リーマン面が変わった

世界がどう変わったのか。

それをひと言でいえば、現在この世界は古典的な数学の複素関数論に登場する「リーマン

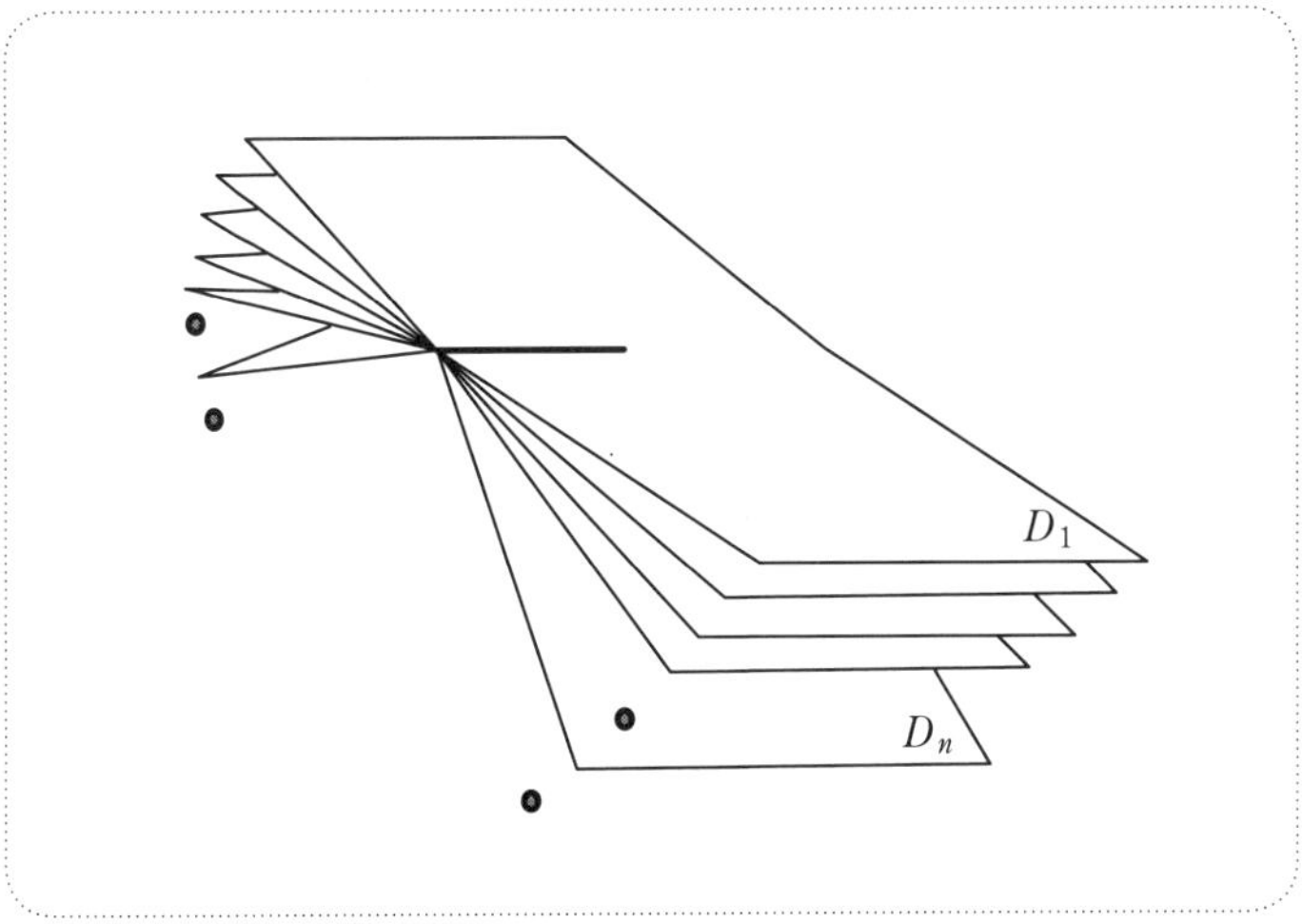

リーマン面

面」の構造を持っていることになる。ちなみに今年二〇一三年は大数学者リーマンが彼の名を冠するリーマン面の概念を見出してからちょうど百年目の、記念すべき年に当たる。

今ここにあなたと僕の二人がいるとする。

ここは床の平面の上。その平面をよく見ると、スクリュー状の螺旋《らせん》が刻み込まれていて、その螺旋がペチャンと重なるようにつぶされた、ただ平らな平面。螺旋階段が一階二階三階とずっとつながっているのが地震でペチャンコになったといってもいい。つまり一階二階三階四階五階六階——が一枚の平らな平面に一緒に、同時に存在している。それがリーマン面で、一階、二階、三階など各々《おのおの》の床の平面を「葉《よう》」と呼んでいるが、以下では聞き慣れない「葉」よりも「次元」という呼び名で区別しておく。

今この平面の上に、あなたと僕がいる。その上にあなたや僕の家がありビルや学校や商店街があり、さらに道路があり車が走っていて、それがずっと続いている。つまりここがみんなが暮らしている生活の次元、この娑婆《しゃば》。

二人はぶらぶら歩いているが、ある瞬間、ふと見るとあなたがいない。僕の視界から消えている。後ろを振り返ると、かすかに大きな境界線のようなものがあって、そこで二人は別れたらしい。二人がこの平面上で動き回っていたら、あなたはそのままの次元に、僕は別の次元にいたというわけ。僕は、その平面の原点や直線でのみ接している別の平面にきていた。その異なる複数の平面をつなぎ合わせたものがリーマン面。

そういう昔ながらの世界がずっとあって、このままいけば何事もなく、僕らの世界はいつもと同じように平穏無事なはずだった。しかしこの世界が変容した。僕はこれまでとは違う別の世界に来た。新しい次元に来たのは僕だけだった、仲良しの友人はそのまま元の世界にいる。

今というこの時はちょうど前の世界から新しい世界に移る過渡期に当たる。僕がやってきたのは、これまで知らなかった新しい次元（リーマン面の葉）。来てみると、新しい世界というのは、じつは前の世界の僕が心の中で思い描いていた世界でもあった。それが去年の十二月二十二日からの新しい世界、いや、今現在は過渡期だから、正確にいえば移り変わろうとしている。だから、世の中がだんだん僕のいる世界に変わりつつある。

といっても具体的な状況は何も変わっていない。町の様子もあたりの景色も、僕の勤めている大学も、その中の人間たちも友人たちも、今のところなんの変わりもない。「やあ」と言えば「おう」、「こんにちは」と言えば「やあ、しばらく」と返ってくる世界。

しかし僕の目には変わった。

世界が変わった！

僕の目からいえば、そのまま変わらなかったら前の世界は消えてしまう。変わらなかったものは新しい世界からは見えなくなる。こっちから見れば、古い世界にいるあなたは死んだといえるし、そっちの世界から見れば僕は死んだと見える。でもどちらも死んではいない。なぜなら、過渡期という今は両方の世界が並行的に共存していて、僕の世界にまだあなたもいれば、あなたの世界に僕もまだいる。

過渡期は数年間続くようだから、その間に、どちらの世界を選ぶか、それぞれが自分で選択しなければならない。どの世界を選ぶか、これは根性を決めて、自分が決定しなければならない。どの次元を選択するかは余人が決めることではない。そこをいろいろ考えてみると、結局は当人が自分で選択するしかない。これまでの世界にいてもいいし、別の世界に移ってもいい。どっちがいいか悪いかではない。そのポイントは、この先自分が何をしたいか、それしかない。そこに気づいて、どちらかを選択しなければならない。

なるほどそういう時代になったのだと僕はひしひしと感じている。

この先、お前は何をしたいのか、これがひとつの判断基準になったと思っている。

二〇一二年十二月二十一日から二十二日にかけて何も世の中は変わらなかった――そう思っている人たちは、結局僕のいる次元にそのときに移動してこなかった人たちで、これから数年の過渡期を経て、この僕がいる新しい世界からは消え去っていくことになる。

いや、やはり二〇一二年十二月二十一日から二十二日にかけて世界は変わったのだ――そう信じている人は僕と一緒に新しい次元に飛び移ってきたため、過渡期が過ぎてからもずっと僕とともにこの新しい世界の中で活動していくことになる。

ふむ、驚くほど自己中心的な考えではないか！

僕自身が信じることだけが、世界の中に残っていくかのような！

まあ、それもよい。

日々、若くなった

だが、驚いたことがもうひとつあった。

自分の願望がかなう世界になりつつあるという発見のひとつは、自分が若くなっていく、あるいはなかなか歳をとらないということだった。これは新しい世界になりつつあるということのバロメーターといえる。なぜかというと、僕が願望していた物事が実現されていると気づいたのは、その昔、子どもの頃に願ったことや若い時代に夢想したことが実際に実現しつつあるとわかったからだが、その前に最初に気づいたのは、そういう世界にいると、自分が若返っているという事実だった。

実際、僕はどんどん若返っている。「そんなアホな」と言われるかもしれないが、最近日に日に若くなっている。最初は気のせいかなと思っていた。朝、起きて（といっても僕の場合、昼頃だが）、顔を洗う前にトイレに行く。トイレには鏡がある。毎朝起きぬけに、トイレの鏡で自分の顔を見る。僕はナルシストだから昔から必ず鏡を見る癖がついている。

アレ、アレ？　毎日、昨日よりもちょっと若くなっている。他の人にも「あれ、なんか若づくりになったね」とか「風呂上がりみたいだね」などとよく言われるようになった。去年の春頃には、頭髪が抜け、額の生え際がどんどん後退して、俺もやっぱり歳かなと感じていたのが、最近は鏡を見て、うん、日に日に若くなっているとひそかに思っている。

とくに二〇一三年三月末にルルドから帰って以来、ええ!?　というくらい若返りがすごい。理由はだいたい見当がついているが、これからの変化を楽しみにしている。どんどん若返って子ども時代にまで戻っていくかな……若返るのは人類永遠のテーマだが、ひょっとしたらこれは実現できるかもしれないと思っている。

だから自分が日々若返っていると思えるなら、それはその人の願望が実現するリーマン面にいることだと思う。それがその人にとってハッピーな世界。D・J・サリンジャーの『ザ・キャッチャー・イン・ザ・ライ』をもじっていえば「ザ・キャッチャー・イン・ザ・リーマンサーフェイス」（「リーマン面でつかまえて」）というわけだ。

僕の願いが次々にかなえられ、同時に僕は若くなっている。

みんなも変わらなければ……

僕の人生が新しい次元に入ったと気づいたのは去年の十二月二十三日だった。それ以降も徐々にかつ急速に変化を感じていたが、いちばんドーンと変わったのは今年三月のルルドツアーだった。このルルドツアーは迫登《さこ》茂子さんという神様のお言葉を取り次ぐシャーマンの女性を中心にする一行八人で、三月十八日に羽田を出発してルルド、パリをめぐる一週間の旅だった。その後パリで一行と別れ、僕と姪っ子はさらに一週間かけてスイスへと回ることになった。

昔からアルプスの雪山の頂上でワインを飲むという願望もあった。実際、僕の願いはこのときにかなえられたのだが、ムッターホルンの頂上でワインをおいしく飲めたのはじつはマリア様のおかげだった。二年ほど前から感じていた脇腹の痛みをルルドで治してもらったおかげ。あれには感謝した。それ以来、意味のあるときにはワインなどを飲むとしても、それ以外は飲まないという基準を自分に設けた。飲み放題だったそれまでのペースがほぼ一割になり、ちょうどよい具合になった。

飲み仲間には申し訳なかったが、それもこれも新しい次元に入ったからだと自分に納得させ、みんなにもだんだん気づいてほしいと思っていた。世の中が変わったのだから、みんなも変わらなければいけない。僕があれこれ口に出して言うことではないが、自分で気づいて変わらなければいけない。彼らにも今のうちにこっちの世界に乗り移ってほしい。前の世界はだんだん消えていく。昔の世界に残ったままでは、やがて別れなければならない。

ただ酒を飲んで昔を懐かしむだけなら、古い世界にいるだけになる。それを望むならそれでもいいのだが、ちょうど今は時代の裂け目の真っただ中。あちらとこちら、両方に足をかけている。僕はだんだんこっちの新しい世界に比重を置きはじめているので、全部こっちに足を乗せ終わったら、もう向こうのことは僕にはわからない。向こうに残った人はやがて僕の記憶から消えてしまう。向こうの人が僕を忘れるように。

この新しい世界に移って半年くらいして、気づいたことがある。

ここは、今まで知らなかった世界ではなかった。目の前に現われたのは、以前の世界にいたときの僕が自分の心の中で思い描いていたものだった。その昔、自分の気持ちの中にあって願望していたものがある世界だった。もっとこうなったらよいのに、自分の人生はこうで、自分はもっとすごいことができて、みんなに頼られたりそれを僕が教えたり……子どものときから願望していたあれこれがある世界だった。

心の中で築き上げた架空の世界、誰しもが抱く夢想の世界。それがここにあった。新しい次元に入ると、いろんなことが起き、いろんな人がやってくる。それらはまったく見ず知らずのことではない。ふと気がつくと、あれ、この場面、いつか見たなというようなデジャビュー（déjà vu 日本では最近デジャブと発音する人が目立ってきたがフランス語からきているので正しくはデジャビュー）と呼ばれる既視感《きしかん》のある現象がいくつも出現する。あれ、この場面、この状況、昔見たぞというように、まさにそれに近いことが出てくる。

新しい世界の新しさを経験しているわけではないから、どこでそう感じたのかなとよくよく思いめぐらすと、前の世界にいた僕がそれぞれのところで、その気持ちになっていた。たとえば面白くない高校の授業を受けながら窓の外を見て、くだらないことを夢想する——そのくだらないことが今起きている。

ああ、そうか、ここはそういう世界なんだと気がついた。だからこの次元には、前の次元の中で僕が心中で描いたいろいろな断片的世界像が部分的に存在している。ジグソーパズルにたとえれば、いくつかの断片《ピース》がこっちの次元に実在している。つまり前の次元の保江邦夫の心の中が今の次元の世界に散在していて、そのジグソーパズルが完成途中だったり完成しつつあったり完成形で現われたりした。だから、この次元に入ったばかりの最初の頃は、まるでこの俺が神様だと誤解して、自分にとっては都合のよいこと、自分がかつて望んだような世界が現実に起きていると欣喜《きんき》雀躍《じゃくやく》していた。

そこで、僕はもともと物理学者だから、ちょっとした仮説を立ててみた。

今いるこの新しい次元の中で起きていることは、前の次元の保江邦夫の心の中が実現している世界だとする。では、この新しい世界の中で生きている保江邦夫の今回の心の中、僕がいま夢想する世界は、たぶん次の次元の中での種になっているのではないかと。これまでも「思いは実現する」と何度も聞かされてきた。だが、実現しなかった。だからしょげたり落ち込んだりしていた。それがこの世界では実現しつつある。今の世界から一歩先の次の世界に行くと、願望実現はさらに加速するのではないか。世界が次々と段階的重層的に重なっていて、次元が上がるごとに願望実現が加速する。そういうリーマン面のような構造になっているのではないかと。

それはむろん僕だけのことではない。

あなたの心の中のああしたい、こうなりたい、これがほしい、あれがほしいという思いはあなたの次の次元の世界の種となっていて、次の次元の世界ではそれが実現する——そういう仮説をぼんやり考えた。

とはいえ願望がかなう次元が必ずあるはずだが、その次元に自分が必ず行けるとは限らない。たぶんそこがポイントで、大多数の人はうまくそこに行けない。だから人々は願望がかなわないと嘆いたり、その願望を諦めきれずに斜に構えてニヒルになったりする。

でも方法があるに違いない。

僕は偶然にピラミッドの中でハトホルの秘儀に参入したことで、少なくとも新しい次元に乗っかることができた。だから僕自身が前の次元で願望していた世界にドンピシャ入ることができた。僕は世界中で、宇宙の中で、稀《まれ》にみる幸運な人間だといってもよい。

こういっては悪いのだが、僕だけが今は幸運なんだ。この世界が、僕の願望が実在するような次元になってしまったのだから……少なくともしばらくはそう思っていた。

あなたの願望が実現する次元になる可能性もあったが、残念ながら僕に来た。僕が願望していた世界の次元に他の人はいない。だから唯一楽しんでいるのは僕だけ。たぶんみんなの願望はかなっていない。

世界が変わるというアセンションの日の直前に僕がギザの大ピラミッドに行き、ちょうど世界が変わる十二月二十二日に向かって、いろいろな経緯でその次元転移に気づき、次元転移のちょうどそのときに僕はなぜか特別優待券をもらった。みんなは相応に歳をとるけれど僕はとらない。僕だけがその特別優待券を持っているからと思っていた。

こんなことを言ったらみんなは怒るに違いない。お前は高慢極まりないと。

みんなは歳をくう、僕は歳をとらない、若返っている。若返りは僕の長年の願望だった。僕以外のすべてが歳をくって老いに向かって劣化していく。僕は変わらない。だから相対的に僕が若返っていく。友人や同僚の連中からも、「お前は異常なナルシストだ」と言われるくらい僕はいつも鏡を見ていた。写真も自分しか写さない。そんな高慢ちきなおかしな人間だった。

だから僕の若くなりたい、常に若さを保ちたいという願望は、たぶん前の世界で生きていたときの僕の最も大きな願望だった。それが今実現しているのだから、この新しい次元は僕の願望が実現している世界であると受け取った。だから僕は思っていた、若返ると！

俺は特別なんだ。みんなは特別優待券がないからかわいそうだ、と僕はそんなことを考えていた。

でも、じつはみんなも同じだ。気づいていないだけだ。みんなにはそれぞれの願望があるはずだ。今の次元では、僕の願望に合った現象しか周りには寄ってこないけど、みんな各々がそう願えば、みんなの願望する新しい世界が必ず寄ってきてくれる。そこに気づかなければダメだと思った。

ではどうしたらみんなも新しい次元に乗れるのか？　僕にはわからない。

僕の場合は、ただぐうたら生活をしているだけ。電車に急いで乗らない、一本遅れて乗るとか、明日できることは今日するなとか、ぐうたらにやってきた。

十年ほど続けてきたキリストの活人術は、スペイン人の神父様に教わったものだから、その一これこれ、その二これこれと箇条書きにできる。こうするといいよという目標設定がはっきりしているので、するしないはみんなの勝手だが、とるべき行動基準は明白だった。だが、僕自身の生き方はそれとは別。

今の僕が実践しているのは、とにかく絶対無理をしない、がんばらない、明日できることは今日しない。電車が今まさに出発しようとしているところに走らない。行列しているところに並ばない。人が流れている方向とは反対の方向に行く。そんなところでしかない。

でも、そんなぐうたら生活をやっていると見えてくるものがある。ぐうたらをやっていると、ほしいものが減ってくる。あれもこれもと欲していたものが、じつはそのどれもが大したことはない、いらないと気がつく。ほしいものが減って、さらに減って、それでもほしいなと思っていると、そのうちやってくる。

だからある一瞬、僕が望めばなんでもそうなる……と考えてしまった。もぎ取ればそこから新しい世界が生まれる。もぎ取ったことで願望どおりの世界が生まれる。僕が欲したことで周りはそうなった。欲した世界がそのままそこにある。僕の言いなりになっている。そうか、この宇宙はそうなっているんだと僕は思っていた。

すると僕は神様だ！

神さまの予定調和ではなく、人間の手による連鎖調和

いや、そうではない。大事なことは、この宇宙には連鎖があるとわかったことだ。僕が何かを願ったとする。その願望のエネルギーがいろいろ回り回って、何かが成就する。願ったとおりの事態が生まれる。驚くことに、そこには調和があった。僕が能動的に動けば、つまり頼みを聞いたり困っている事態を解決したりすると、事が成就する。そのとき背後の世界にまで影響を及ぼす。背後にある神の予定調和とか目に見えない蜘蛛の糸とかネットワークが、見えない糸を動かして事態はなんとかなる。それがわかった。

これまではそれが動かせなかった。この物質世界、この宇宙の中でいくらジタバタしようと何をしようと、個々は変えようがなかったし、周りの物は一ミリも動かなかった。背後には目に見えない糸、予定調和の流れ、そんなものが歴然とあるに違いないのに、神によって

あらかじめプログラムされた予定調和のまま、僕ら人間はその掌の上でサル芝居をしていただけだった。それだけだった。

むろんたまには、あ、これが神の予定調和だと、ほのぼのと個人的な幸せに浸《ひた》ることもあったが、この新しい宇宙では、神様の予定調和というプログラムまでも我々が変え得る、そんなことを実感できるような世界になった。一方向だったのが双方向になった。神の側から一方的に助けてやるよとやってくるだけの世界だったのが、今の世界では、神しか触れられない予定調和という琴線《きんせん》をこちらにいる僕らも調整できるようになった。触ってはいけない琴線に人間が触れることができるようになった。そのことで、神の予定調和の中味が変わってきた。その意味で、僕ら人間は半歩神に近づいた。

新しくなったこの世界は、昔の世界で生きていた僕が夢想していた世界だった。こうありたい、こうしたい、こうであればいいねと夢に見ていた世界、それが実現する世界に変わった。欲すればかなえられる世界になった。だからおれの天下だ、おれの世界だ、おれは神だと一瞬考えた。

昔の世界で僕は夢想し、雨が降るのを眺めながらボーとしていた。自分がボーとしていたら、人生、何も起きない、誰も寄ってこない、退屈だった。だからさらに夢想した。頭の中で、みんな寄ってきていろんなことがどんどん実現し、なぜかそれが互いに絡んでいて、全方向につながり、「ええー!?」とみんなが驚き、そうしてみんながハッピーになる。そういう世界を夢想して、そんな世界が来たらいいなと思っていた。

ところがふと気づいたら去年の十二月二十二日からこの世界はそういう世界になっていた。

それは僕だけの世界ではない。

あなたも、あなたのパートナーも、友人も、その辺を歩いている見知らぬ人も、みんなそういう時代に入っている。誰でも自分が主人公といえる世界。僕だけではない。僕一人では意味がない。自分であえて忙しさをつくり、仕事をつくり、自分で自分を追い込んで動き回っているのではなく、窓辺に座って雨が降るのをボーと眺めながら夢想したように、頭の中でこうなったらいいなという事態が起きている。なぜかそんなことが起きて通り過ぎていく。

面白くなってきた。

そう、前著『伯家《はっけ》神道《しんとう》の祝之神事《はふりのしんじ》を授かった僕がなぜ――ハトホルの秘儀inギザの大ピラミッド』（ヒカルランド刊）にも少しだけ記しておいたが、僕自身が生きるこの世界は、それまでの単なる外的背景を形作る無機的な三次元空間ではなく、日々、いや瞬間瞬間その存在形態を多様かつ有機的に変化させ、この僕の愚かな魂でも神意の一端に気づくことができるように育《はぐく》むための、母なる子宮へと変貌したかのようだ。それが僕以外のすべての人たちをも巻き込むまでのものになったのが二〇一二年十二月二十二日であり、今後数年でその変化が完了してしまう。

ならば、完了前の過渡期の間に少しでも多くの仲間たちが新しい次元世界に残ってくれるようにするのが急務。みんな寄ってきていろんなことがどんどん実現し、なぜかそれが互いに絡んで全方向につながり、みんなが楽しさで自然に踊り出したくなる世界を夢想してもらい、実際にそんな姿へとこの次元世界が有機的に変貌していくようにしなければならない。

そのために僕ができることといえば、二〇一二年十二月二十二日からの半年の間にいったいどんなことが僕自身の周囲に起き、その結果どのようなことに気づいていったのかをありのまま包み隠さずにお伝えすることしかない。

身の周りに見つけたホンの些細《ささい》な変化であっても、それが変貌を遂げつつある新しい次元世界の中に己自身がたしかに存在しはじめている証《あかし》だと確信できるなら、実際この僕がそうであったように、誰もが知らず知らずのうちにこの新しい次元世界の中に生きるようになる。そうして世界のあちらこちらに連鎖調和のネットワークが張りめぐらされていくのだと思う。

この本を世に問う理由は、まさにそこにある——。

予定調和から連鎖調和へ——目次

《第二章》ふたたびルルドへ……75

装画――佐々木一澄
カバー装幀――山口真理子
編集協力――山崎　佐弓

《第一章》

新しい次元世界で

ＵＦＯ体験再び

小学校二年生のときに初めてＵＦＯを見た。ＵＦＯというのは正確には〝Unidentified Flying Object〟つまり「未確認飛行物体」のことだが、多くの場合、地球外知性体が利用する移動手段を意味する名称として使われている。子どもだった僕がこの目で見たＵＦＯも、当然ながらその意味でのＵＦＯだったと信じている。

それ以来ずっと僕はＵＦＯの虜《とりこ》になった。それからもなにかとＵＦＯの研究を続けてきたが、実際この目で実物を見たのはあのときが後にも先にも初めてのこと。また見たい、ぜひまた出会いたいと強い願望を持っていた。出会うことに恋焦がれていた正真正銘のＵＦＯ少年だった。僕が困ったときに、その辺からふっとＵＦＯが現われて僕の窮地を救ってくれるとか、こっちから手を振ったらちゃんと反応してくれるとか、ひょいとＵＦＯに乗ってはるかかなたの星に連れて行ってもらうとか、そういう出会いをいつも心のどこかで願っていた。でもあれっきりで二度と出てきてくれなかった。

ところが、二〇一二年の八月二十一日の午後五時過ぎ、僕はついに二度目のＵＦＯ目撃を果たす。場所は岡山市中心部上空で、西に向かって飛行していた卵形の銀色に輝く機体のＵＦＯだった。はっきりと卵形の形状やその色、光沢の程度さえ見分けることのできる距離で僕は見た。やったやった、ついに二度目の出会いがかなったと小躍りして喜んでいた翌日のこと、『アガスティアの葉』（三五館刊）というインドの聖人サイババについての話題作を書いたことでお名前だけは存じ上げていた青山圭秀さんが大学に僕を訪ねてきてくれたのだが、そこで目撃したばかりの卵形UFOについてお話ししたところ、逆に岡山はUFO目撃のメッカだと教えてくださった。

そのいい証拠にとお話ししてくださったのが、岡山県県北にある蒜山高原《ひるぜん》でのあるご婦人によるUFO目撃談だった。青山さんの知り合いに七十歳過ぎの倉敷在住のご婦人がいて、蒜山高原にある彼女の別荘にUFOが降りてくるという話だった。その女性の話によれば、UFOは二度も別荘の庭に着陸したという。二回目のときは、彼女はすぐさま東京の青山さんに電話したとか。電話口で青山さんが、

「なぜUFOに乗り込まないのですか！」

と彼女を問い詰めたら、

「あなたは現場にいないからそんなことを言うけど、私は恐くて腰が抜けて歩けなかった」

というご返事だったそうだ。

青山さんはすぐに蒜山に行って緑色の芝生が円形に茶色になっているのを見た。明らかに何かがここに降りたという形跡があり、焦げているのかと思って芝生をよく見たら、葉っぱ

は活き活きとしたまま、色が単に茶色になっているだけだった。芝生は枯れて死んではいなかった。しばらくすると芝生はまたすぐに青く色が戻ったらしい。

そんな話を聞いて僕もその女性の別荘に行きたいなと思っていたが、青山さんとは初対面なのでそんな図々しいお願いをするのははしたないと思っていた。そのうち、僕が書いた何冊かの著書の読者だという方から、出版社経由で電話がかかってきた。倉敷でパン屋を経営している女性だったが、聞けば僕に会いたいとのこと。倉敷のお店に出向くと、彼女の友達というのが、そのUFOが着陸した別荘の持ち主の女性だということがわかった。

そのご縁があって、しばらくしてご本人から電話がかかってきて、蒜山の別荘でUFOをご覧になりたいのならいつでもどうぞということになった。そんなこんなで、別荘の持ち主ともつながった。こうして人はつながる――そんなことに僕は気づき始めていた。

むろん、UFOが頻繁に見えるその別荘に行きたい。あわよくば、庭に着陸したUFOに乗り込みたい。そんな思いがつもりつもって、世界が変わったという日から一日が経過した二〇一二年十二月二十三日、岡山県北にある蒜山高原で、何人かが集まってUFOを観察しようということになった。宇宙人の魂が宿っているとおぼしきメンバーを十人ほど集めた。その中にはつい一カ月前のピラミッド旅行で知り合い、僕がハトホルの秘儀を行なっている最中に邪魔が入ったため、失敗したと思って腹を立てて王の間から出てきた翌朝、「あなたは失敗したと思っているが、うまくいった。そのことを告げなさいと神様から命じられた」と僕に伝えてくれた井口まどかさんというスピリチュアルな能力に恵まれた女性もいた。

ところが、直前になって別荘の持ち主の女性から連絡があり、今年の蒜山はとくに雪が深く、先週、ガスも水道もみんな閉めてしまったし、別荘までの林道も雪に埋まってしまったので雪上車でしか行けないとのこと。困ったと思っていると、蒜山高原に大学のセミナーハウスがあって空いているという吉報が舞い込み、そこを借り切って行くことになった。

行ってみてわかったのだが、そこはその別荘のご近所で、しかも除雪もしてあるため普通の乗用車でも駐車場まで入っていくことができる。晩ご飯を食べてから防寒着をしっかり着て、セミナーハウスの広い駐車場に出てみんなで空を見ようということになった。

僕自身はみんなに声をかけて集めたけれど、じつは蒜山にＵＦＯなんて出てきっこないと思っていた。でも、他のみんなは出てくるのを信じている。とくに東大医学部の矢作《やはぎ》直樹先生は今まで一度もＵＦＯを見たことがなく、僕がアレンジしたからには今回は絶対ＵＦＯが出てくると信じてくださっていた。だから僕本人が信じていないなんて、とても言える雰囲気ではなかった。

そうしたら、夜空を見上げてから十分もしないうちに、なんとかなりの高度をジグザグに飛び交うＵＦＯの光点が出た！

誰かがみんなで手を振ろうと叫んだけれど、ＵＦＯはすいと消えた。手を振らないからだよとまた誰かが言うので、みんなで「おーい！」と手を振った。そうしたら、また現われた。「やっぱり反応してくれるんだ！」と、みんな興奮して「おーい」ともっと強く手を振ってＵＦＯに呼びかける。

そんなときに、セミナーハウスの食堂の賄《まかな》いのおばさんが駐車場にやってきて、

「みなさん、どうされたのですか」

と聞く。

「あそこにＵＦＯが！」

と言ったら、そのおばさん、事もなげに平然と、

「あ、ここらあたり、よく出るんですよ」

みんな、目が点になっていた。

僕自身何十年もこの大学にいてそんなことは一度も聞いたことがなかったし、過去セミナーハウスに何度か行って、そのおばさんとも面識があった。学生も教員もみんなよく行っているのに、ＵＦＯの噂なんてこれっぽっちも立たなかった。それなのに、なぜこの二〇一二年十二月二十三日の夜、いとも簡単にそのおばさんが、「ここらあたり、ＵＦＯがよく出るんですよ」なんて言うのだろう。

僕はなんとなく思った。ああ、このときからすでに変わったんだと。

これまでだったら、僕の前にＵＦＯなんて現われるわけがない。それまでも僕はＵＦＯを求めてありとあらゆる資料を集め、関係書を読み漁《あさ》り、それという風評を耳にするとその地をくまなく歩いてきた。大金を投じて、アメリカのそれらしきＵＦＯの名所も散々歩き回った。

でも子どもの頃に一度、加えてこの八月、岡山市内の上空で見た二回きりだった。あるときはアメリカからやってきたグレゴリー・サリバンというＵＦＯ青年が岡山に来てＵＦＯを呼ぼうとしてくれた。見識もキャリアもかなりのＵＦＯ専門家だったが、残念ながら雨が降り出したために中止せざるを得なかった。

ＵＦＯを求めて放浪した僕のストーリーは、それこそ筆舌に尽くしがたい。天文学を目指し、ついで物理学を志向したのも、じつはといえばＵＦＯにまためぐりあいたかったのかもしれない。ＵＦＯについてきちんと研究するには、天文学や物理学の見識が必要不可欠だとも思えた。こうして、準備万端整っていたにもかかわらず、二〇一二年の八月二十一日まではまったくの空振りに終わっていた。

それなのに、この八月二十一日には、はっきりと形状や色、光沢さえ見分けることのできる距離で待望のＵＦＯを目撃することができた。その後二〇一二年十二月二十二日へと向かっていくにつれて何機ものさまざまな形状のＵＦＯに出会うようになり、こうして新しい世界となってからは、これまでなら出てくるはずのない状況でもＵＦＯがパッと現われてしまう。

今まで何十年と日常的に会話していた大学のセミナーハウスの賄いのおばさんが、狐やタヌキがよく出るとでもいうように、「ここ、よくＵＦＯが出るんですよ」とごく当たり前のように言う。僕は口を開けて驚き、みんなも驚き、こうして蒜山高原の一夜は盛り上がった。

小学校二年生のとき以来、ずっと熱望していたＵＦＯが、二〇一二年十二月二十二日に世界が変わったといった途端に、なんでポイと出てくるようになるのか？

でも僕は、そのときでさえ、世界が変わったとはほんとうに思っていなかった。

新しい世界で元旦を迎える——過去が変わる

大晦日。例年なら、とりたててなんの思いもなく、ただ年末だ、明日は年が変わるというくらいの感じでいつもどおりの大晦日を過ごしていた。テレビで紅白歌合戦以外のテレビ番組をぼんやり眺め、それが終わるとチャンネルをＮＨＫに戻し、「ゆく年くる年」という番組で除夜の鐘が鳴るのを聞き、はい、新しい年が来ましたとただそれだけで、特別の感情も何もない。

しかし、二〇一二年の大晦日はいつものそれとは少し違っていた。この年は伯家神道《はっけしんとう》の「祝之神事《はふりのしんじ》」を何度か受けた際に、巫女《みこ》様から、天皇陛下が大晦日に日本の民の幸せを願って大変な儀式をしているという話を聞いていたからだ。そういう話を聞いても通常は、大変だな、ありがたいな、でも天皇陛下だからしかたないでしょうくらいの思いしかなかったのだが、天皇陛下に対する尊崇の念が言葉のはしばしや動作のひとつひとつにまで現われる巫女様を思い浮かべながら、どんな大変な儀式なのだろうと思っていた。

むろん僕にとっては天皇はほど遠い存在だったし、どんな儀式かわかるすべもないのだが、祝之神事やエジプト旅行でのハトホルの秘儀、そのあとの次元転移をめぐって嵐のように過ぎた二〇一二年だっただけに、心が微妙に揺らいで、新しい年を迎えることの意味をその天皇の儀式に重ねて、マヤ暦の終焉とか地球のアセンションなどという新しい世界がほんとうにやってくるのかなと漠然と考えていたのだ。

そんなことを考えて迎えた正月元日、僕をエジプト旅行に誘ってくれた方から電話がかかってきた。年始の挨拶から始まって、エジプトの話に及ぶ。なによりハトホルの秘儀、次元転移を成就させてもらった恩人である。僕は、

「ありがとうございました。一人で行くはずのピラミッド旅行に誘ってくれたおかげで僕もピラミッドに行けて、しかもあんなすごい体験があって、その後もすごいんですよ」

と、自然に感謝の言葉が連なる。ところが、受話器からは、予期せぬ言葉が発せられる。

「いや違うよ。誘ったわけじゃないよ。俺はピラミッド旅行のパンフレットを見て、ちょっと行ってみたいなと思ったけれど、一人で行くのは嫌だったから、君を誘ってみて、もし君が行くと言ったら行こうかなと思って誘ったんだ」

おまけに、

「だから君が僕に礼を言うことはないよ。どっちかといったら礼を言うのは僕のほうだよ」

とまでも。

僕の記憶の中では、お誘いの電話があったのは昨年の八月のことだった。僕は記憶力もそんなに悪いほうではないから、彼の言ったことをいまだにはっきりと覚えている。たしか、

「ピラミッド旅行に行くことにしたんだ。一人で行くことになっているんだけれど、日にちが近づいてきて、もし君も一緒に行ってくれるなら楽しいから、どうだい、行く気はないかい」

といった言い方だった。

すでにご本人は行くことを決めて申し込んであったというのが、僕の記憶にある。その電話を受けたときに周囲で聞き耳を立てていた仲間のみんなにも、直後にそう説明しているくらいだ。僕の頭の中ではそうだったし、今もずっとそう思っている。でも相手がそう言うの

で、「ああそうですか」と雑談してから電話を切った。

考えてみると、どうもおかしい。僕の記憶と相手の記憶が完全に食い違っている。これ、何だろう。相手の記憶がおかしいわけもない。東大出の数学者で頭がよいし、嘘をつく必要もない。

そのとき、僕にピンとくるものがあった。

世界はほんとうに変わったのだ！

前の次元世界（リーマン面の葉）では僕が記憶していたとおり、相手が先に申し込んでいて、出発日が迫ってくるにつれて、一人旅もつまらないからと僕に声をかけた。でも、十二月二十二日に変わったこの新しい次元世界（リーマン面の葉）で、こちらの過去をさかのぼっていくと、そこでの相手は前の次元世界にいた相手ではなかった。そこでの相手はついさっきの電話にあったように、僕を誘って、僕が行くなら自分も行こうと決めていた。

そんな具合にこの世界が変わっていたのだ！

そう、このわずかな差異が以前の次元世界と今の次元世界との違いなのだ。

そう理解するとすべてがわかる。

僕は元旦にあった電話で、そうか、世界は変わったのだと実感できた。世界が変わったから、蒜山に行ってもＵＦＯが出てきた。小さなズレが生まれていることにやっと気がついた。

エジプト旅行に誘ったとか誘わなかったとかの記憶の違いなどではない。ある日忽然とニューワールドが出現するのではなく、たぶんこうしたズレが積み重なって新しい世界が到来するのだろう。世間ではアセンションとか時代が変わるとかいろいろいわれてきたが、やっぱり地球が変わったんだとそのとき直感した。

では、どんなふうに変わったのか。その時点では、まだわからない。でも間違いなく変わった。少なくとも過去は変わっている。そう、まず過去が変わっている。つまり前の次元世界での過去と、今僕がいる新しい次元世界での過去が違う。

では、いったいこれからどうなるんだろう?

僕は、ゾクゾクしていた。

七番チャクラが開いた

二〇一三年一月十四日、僕は雪の東京にいた。

大雪に見舞われ、成人式に向かう振り袖姿の娘さんたちが雪道に立ち往生しているＪＲ八王子駅前。矢作直樹先生から、「ぜひ一月十四日に八王子にきてほしい。どうしても会わせたい人がいる」と連絡があったからだ。矢作先生によれば、通称「野上神様」と呼ばれている人物が八王子にいて、この方は神様と会話ができるのだという。

神主でもない普通の人が、なぜそういうことができるのか。世の中にはそういう人はいっぱいいるけど、矢作先生はそういう人をよくご存じで、その中でも野上孝一さんはいちばんすごい人なんだと太鼓判を押す。一見、普通のおっちゃんのような風体《ふうてい》。矢作先生は行く前からしきりに「人は見かけによらないですから」と僕にくぎを刺していた。まさにそのとおり、見た感じはとても神様につながっている人物には見えないし、住んでおられるところも、えっと驚くような雰囲気で、僕の想像よりもっと粗末だった。

矢作先生は、他人の話は絶対に鵜呑みにはしない。

僕がエジプト・ピラミッド旅行から帰った直後の十二月中頃、東京でUFO独演会というぶっ飛んだ講演会をやったことがある。そのとき、エジプトのギザの大ピラミッドの王の間で念願だったハトホルの秘儀を試みたこと、たまたま邪魔が入ったことでその儀式がうまくいかなかったとがっかりしていたら、同じツアーで一緒だったスピリチュアルな能力を持つ井口まどかさんが「お前の行はちゃんと成就した」という神様の声を聞いて僕に伝えてくれたことを話した。王の間と高次元でつなぐことで次元転移ができたこと、僕とピラミッドに同行した姪っ子と神主の八頭芳夫さんは六千年前にはエジプトの神官として師弟関係にあったといったことなど、僕自身の人生の大きなターニングポイントになったエジプトでの経験談を話した。

矢作先生は、片隅でそれをじっと聞いていた。彼は僕自身の考えについてはほぼ無条件に受け入れてくれる。前著『伯家神道の祝之神事を授かった僕がなぜ』で述べたように、シリウスを周回する軌道上にあった宇宙由来の魂に地球転生準備のための訓練を施す宇宙センターで、僕の魂が司令官だったときの副官だったという魂を受け継いだ矢作先生だからこそ、僕を全面的に信じてくださるのだろう。

しかし、とくにエジプトでのハトホルの秘儀がちゃんと成就したとか、僕と八頭さんが六千年前の師弟関係だったという話などはすべて同行したそのスピリチュアルな能力を持つ井口まどかさんの口から出たことなので、矢作先生はそのまま受け入れず、これはという大事なことについては必ずそうなさっていたように、野上神様にチェックをしてもらわなければならないと考えられたようだ。

そのため、独演会の翌日、矢作先生は僕が経験した話の内容がほんとうかどうかを確認してもらうために野上神様に会いに行った。まず、僕と八頭さんの名前を告げて（残念ながらその時点で姪っ子の名前をご存じなかったので八頭さんのみとなった）、「この二人の前世における関係は何だったのでしょうか」とお尋ねした。そうすると言下に、「ああ、六千年前のエジプトで師弟関係だったよ」と事もなげにおっしゃる。矢作先生はそれぞれの名前しか言ってないのに、野上神様のご返事は、僕が独演会で話した内容と同じだった。そこでやっと矢作先生はエジプトで一緒になったスピリチュアルな能力を持つ井口まどかさんの話を信じてくれた。そのあとで野上神様は僕の名前に興味をもったらしく、さらにくわしくいろいろ調べてくれたという。

まず野上神様は霊的チャクラをチェックする。チャクラは七つあるが、

「どれも狭い。だけど七番チャクラが他のものよりちょっとだけ大きい。これはスピリチュアルなことが好きで、バランスが悪く、妄想やスピリチュアルな面ばかりに集中して、いちばん性質が悪い」

とおっしゃった。

その上で矢作先生に対して、

「十一月末に七番チャクラが他のチャクラ同様に狭くなってきたけど、何かあったのですか？」

と聞く。矢作先生は、

「たしかちょうどその頃、ギザの大ピラミッドの王の間に入って古代の秘儀を試したそうです」

と答えると、

「ああ、この人はそれでよかった。ピラミッドに入ったために七番のチャクラが狭くなった

んだ。それによって、一番から六番までのチャクラが狭くなったのと同じになり、調和がとれてバランスが完璧になった」

とおっしゃった。さらに続けて、

「これでバランスがとれたから、来年の一月十日過ぎ頃に七番チャクラが開くよ」

とまでも！

それで矢作先生は、「一月早々に本人を連れてきますから」と野上神様に伝えて、二〇一三年一月十四日、大雪の成人の日に僕を八王子まで連れてきたというわけだ。七番チャクラが開いたかどうかの確認のために。

すると、野上神様は「あ、開いてる。今はもう開いてる」とおっしゃった。

その夜、矢作先生は七番チャクラが開いた僕の第二の誕生日だと言ってお祝いしてくださった。

僕は自覚も何もないのに、なぜ周りが勝手にこんなに都合よく動くんだろうと不思議だった。以前なら、ありえない。自分が願望して、チャクラを開ければよいのにと願い、必死になってあるときは瞑想をし、あるときは一生懸命努力もした。でもまったくうまくいかなかった。願望はあったが、実現しない。

にもかかわらず、今になってなぜか簡単に実現していた。しかも僕のあずかり知らぬところで。

試験会場での次元転移

その数日後、大学入試会場で僕は驚くべき次元転移をやってのけた。たぶんそのときの次元転移は一カ月ほど前にあった官僚ＯＢの忘年会でやった次元転移より、もっと強力だったと思う。

僕の大学でも教員は入試監督として動員させられる。僕の大学は女子大だから、受験生は女子だけ。例年、試験中に倒れる子はめったにいないけれど、たまたま今回は、試験の途中で倒れた子がいた。それも顔面から床に落ちて意識を失ってしまった。とりあえず救護係が医務室に運び入れた。その高校生がそのまま気を失っていたら、救急車を呼んで、試験を続けることもなく終わりだった。

僕は特別受験室の監督だった。何か問題が起きたらその問題のある受験生を受け入れる予備の受験室だ。たいていは問題もなく一人も来ないから、僕はずっとその受験室のソファに座って今年は楽だなとのんびりしていた。ところが別の部屋でそういう受験生が出てしまい、この特別受験室で受験することになった。

医務室で休んでいた本人に聞くと、続きを受けると言う。といっても自分では起き上がれない。メガネの片方は割れて、少しフラフラすると言う。そんな状況なのに本人は受けたいと言い張っていた。しばらくは起き上がることもできなかったから、車いすに乗せられて僕が担当している特別受験室に運ばれてきた。

その受験生の書きかけの答案用紙一式が運ばれてきて、僕は監督として立っている。彼女は問題を解こうとするけれど、問題と答案用紙を見て、「見えない！」とつぶやく。大学入試では監督要項というのがあって、試験監督はそこに書いてある項目以外の発言をしてはいけない。余計なことを言えば、始末書ものだ。

だから、手を貸すことも事情を聞くこともできない。彼女はなんとか問題を見て答案を書こうとするのだが、「見えない」と泣きはじめた。医務室のお医者さんも看護師さんも特別受験室のドアの陰でハラハラしながら見ているが、誰も手を出せない。それでも彼女は一生懸命に残った片方のレンズで見ようとするから、見ているほうもかわいそうになってくる。

そのとき、ふっと思った。次元転移をやったらどうだろう。つまり特別受験室をギザの大ピラミッドの王の間に高次元でつないだらどうなるのだろうと。

すぐやってみた。

監督要項に次元転移をしてはいけないとは記されていない。万一そんなことが露見しても裁判沙汰になるわけがない。そんなアホみたいな話は裁判の対象にはならないから、たぶん僕を受験生幇助《ほうじょ》の罪に問うことはできないはず。

だから、つないでみた。

すると顔を伏せて泣いていた受験生がガバッと起きて、さっきまで見えないと叫んでいた問題を必死に見て、すかさず計算を始めた。数学だった。どんどんすごい早さで問題を片づけはじめた。ひょっとして全部解けるかもと思えるほどの早さ。結局最後まで解いて、答案用紙を全部埋めた。それもかなり自信を持った顔をしながら。

へえっ……こんなふうになるのかと僕は内心驚いていた。終了十分前になったので、それまでだんまりを決め込んでいた僕は監督要項に従って「あと十分です」と残り時間を告げ、終了時に「はい、そこまで」と言って答案用紙を回収した。

受験生はまた車いすで医務室に戻っていったが、そのとき、僕のほうを見て深々と頭を下げて「ありがとうございました」と口にした。そこには答案用紙を回収にきた係やほかの人も何人もいた。にもかかわらず僕のほうだけを見て言った。

僕は、「あと十分です」、「はい、そこまで」と言葉を発しただけの試験監督。その間ずっと親身になって心配してくれた医師も看護師さんもそこにいるのに、なぜかその受験生は僕のほうを見て深々頭を下げて、心の奥底から響くような声で「ありがとうございました」と言った。ひょっとして何かわかったのかなとチラッと思ったけれど、まあ、たまたまだろうと思ってそのまま気にもしなかった。

試験が終わった夕方、他の受験室で監督をしていた同僚に僕は言った。

「今年の数学の問題はよっぽど簡単だったんだね。あんな大きなハンディを背負った受験生が頑張って最後まで解けたくらいだから」

するとと同僚は、

「なに言ってるんだ！　今年の数学の問題はムチャクチャむずかしかったぞ。二、三問しか解けなくて悔しいって泣いていた受験生がいたぞ」

と返してくる。

僕が、

「ええっ、そんなバカな。あんなにひどい状態だったのにあの受験生は最後まで解いていたぞ」

と伝えると、それは嘘だと誰も信じてくれない。そんなやり取りがあったのだが、僕の頭からはすぐにその話は消えていた。

数日後の一月三十日のこと、大学に行くと入試担当の部長が僕を呼んでいるという。僕はまた何かヘマをしたのかと思って行くと、大学入試のときに特別受験室で受験した生徒の学校の校長が先刻お礼の挨拶に来たという。

聞けば、あの受験生が入試から帰って担任の先生に、

「会場で倒れて、メガネも割れて見えなくなり、パニックになった。特別受験室で試験を続けたんだけれど、途中からできる気がして、やってみるとなんとか最後まで解けたんです。それは、その部屋にいた試験監督の先生のおかげのような気がしてならないのです」

と話していたそうだ。担任の先生はその話を校長に伝え、校長はうちの大学の入試部長にそのことを話し、

「あのときの監督の先生に本人がほんとうに感謝していたことを伝えてほしい」

と依頼していったという。

僕は、絶句してボーっと突っ立っていた。

こんなことはありえない。僕は何十年も入試の監督をやってきたけれど、受験生から後日感謝されるというようなことは初めてだった。

仮にその子がほんとうに立ち直ったとして、彼女はそれを担任の先生に伝える、そこまではあり得るだろう。でも、その担任の先生がわざわざ校長にまで言うだろうか？　しかも校長がわざわざうちの大学に来て入試部長に会い、入試監督の先生によろしくお伝えくださいなんて言うだろうか？

これはいったいどういうことなのだ？

そんなふうに世界がなってしまった、としか言いようがない！

その一カ月ほど前のこと、元官僚のＯＢ会で次元転移をやってみせろと言われ、僕は実際にやってみた。すると、一人の女性がその場で具合が悪くなった。じつはその人には、若い頃ピラミッドに入って気持ちが悪くなり気絶したという体験があった。それで次元転移はほんとうにピラミッドの王の間に高次元でつなぐようななんらかの効果があるんだと、なんとなく確信に近いものがあった。とはいえ、まだ半信半疑だったのだ。

それが、この入試事件で完全に百パーセント信じるようになった。

この事実をこうやって公表し、次元転移でその受験生がよい点を取ったとわかったとして、僕が特定の受験生が受験に有利になるように手伝ったとか難癖をつけて彼女の点数をゼロにすることはできない。この奇妙キテレツな超能力みたいなことでその受験生がよい点数を取ったなんて裁判で認めてしまったなら、それこそ大問題だ。

つまり、たとえこの事実が公になったとしても、今の文化国家においては誰も文句のつけようがない。

帝国ホテルの舞の間での出来事に新たにこの事実が加わって、その瞬間、僕は合点がいった。なるほど、次元転移はやっぱりホンモノだったのだと。

コムニタ活人塾を閉める

二月に入ってから、名古屋で二〇一二年四月から開催していた「コムニタ活人塾」という講演会を閉めることに決めた。この集まりは、そもそも名古屋の何人かの人たちから、あなたが「愛」を語るのなら、愛知県の「愛」を抜きにしてはできないはずだから、ぜひここ名古屋を中心にその活動をやってほしいと頼まれたのが発端だった。僕はスペイン人の隠遁者エスタニスラウ神父さまから受け継いだキリストの活人術を、道場で人を倒す技とは区別して、言語によって語り伝える場所が必要だと感じていたので、いいですよと簡単に引き受けたのだ。キリストの活人術を広めるのは、それでもできると思っていた。

コムニタ活人塾の活動は僕の講義を皮切りに何人かの講師がそれぞれの話をするという具合に続いたが、だんだんどうも違うなと感じていた。それを突き詰めてみると、こちらが言葉で伝えようと思い、それを聞く人が言葉として受け取るときに、当然多くの人は言語脳という左脳を使う。それが続くと、人間の右脳の世界にはもう響かない。そんな感じがあった。

とくに野上神様が太鼓判を押してくれて僕の第七チャクラが開いて簡単に次元転移ができるようになってみると、なぜか名古屋のコムニタ活人塾の活動はマイナスだと思えるようになっていった。ちょうどそんなときに、コムニタ活人塾の事務局長をしてもらっていた名古屋の方から電話があって、「この四月から仕事が忙しくなる予定で、とてもコムニタのほうはできないから、どなたかに代わってもらえないだろうか」と連絡があった。

渡りに船と思って、「そういうことなら、たった一年だったけれど閉めましょう」と合意ができた。キリストの活人術について熱く語った僕の講義を中心に、活人術を学んでいた群馬の小学校の先生はじめ多くの方々の体験談をまとめ、『人を見たら神様と思え――「キリスト活人術」の教え』（風雲舎刊）という一冊の本を出すことでコムニタ活人塾の活動にピリオドを打つことにした。集まっていたお金はその本を全会員に配ることに使い切ることで、最後の理事会でも全会一致でご了解を得ることができた。まさに、ぴったりのタイミングだった。

僕がこうしたいと、なぜか理屈抜きで思い、それを口に出すと、その状況が向こうから都合よくやってくる。問題は何も起きない。結局、コムニタ活人塾は苦労もせず、いがみ合いも恨まれることもなくきれいに消滅させることができた。誰からも文句が出ずに円満に解決した。

これも、二〇一二年十二月二十二日から新しくなった今の次元世界にこの僕が存在しているからではないか？

そんなふうに、だんだんと思えるようになっていった。

次元転移をやめる――傲慢になっていた僕

ギザの大ピラミッドの王の間の中で姪っ子相手にハトホルの秘儀に参入したときの状況を思い浮かべると、僕はどんな場所でも王の間と高次元でつなぐことができるようになった。実際にそのいくつかは思いどおりになっていった。怖いものはない。そうか、僕が思ったとおりになるんだなと思いはじめ、そうして僕は少しずつ傲慢《ごうまん》になっていった。次元転移を使えばすべてがうまくいく。この力さえあれば何でもできる、だからこの宇宙はこの俺が左右している、俺はオールマイティーだなどと、思いはどんどん膨らんで留まるところを知らなかった。

僕はこんな罠《わな》にはまり込んでいた。

王の間でハトホルの秘儀ができた。おれは覚醒した。面白くてやってみた。あれもこれも実証できた。舞い上がった。僕のおかげでみんなが覚醒し、僕のおかげで世界が変わった。

その結果、傲慢になっていた。

僕だけの優待券?

それはおかしい!

僕のポリシーに反する。

そうやって自分の思いを際限なく膨らませていったらどうなるのか。結局、これはこれまでに何人もの人、何百人もの人が陥って失敗したエゴ——我欲だと気づいた。そこでそんな自分を捨てる手はないか考えた。

僕は次元転移を使うのをやめようと思った。

次元転移をしたとしても、僕がいるその場にしかつながらない。すると僕の周りにいる人たちには活人術が効いてそれぞれの願望が達成されていい気分になるけれど、僕と無縁の人にとって事態は何も変わらない。これは、どこかおかしい。僕に限らず、僕の周りの人は結果的に高慢になるし傲慢にもなる。特定の人間のための次元転移というのでは、どこかおかしい。どこかヘンだと感じていた。

だんだんと三月に予定しているルルド行きが近づいてきて、その原点であるマリア様のことを思い、キリストのことを考えた。たしかにイエスは三十代前半のとき、マグダラのマリアとギザの大ピラミッドの王の間でハトホルの秘儀を受け、実際に次元転移ができるようになった。その結果、各地を転々としながら次元転移を行なっては奇跡を起こし、救世主キリストになったけれど、やがてローマの皇帝に迫害され、ユダヤ人たちにも迫害され、結局は、磔《はりつけ》にされて死んだ。キリストのすごさが実際にわかるのは、キリストがいったん死んで復活してからのことだ。

キリストの死後、弟子たちが各地に散ってキリストの教えを広め、やっとローマ帝国の国教として認められて、その教えが今日まで続くことになる。キリスト自身が次元転移をやっていた頃、彼は迫害されていた。受け入れられたのはキリストが死んで、復活してからのことだ。弟子の十一人の使徒があちこちで話をして広めていったおかげで受け入れられたのだった。つまりキリストが一人でやっていたらダメだった。キリストの没後、十一人の使徒が次元転移を行なうことで奇跡を起こすことができた。

僕は、ここがすごいと思った。僕がはまり込んでいた傲慢さをぶち壊す糸口がここにあると思った。ハトホルの秘儀を受けたからといって、一人で細々と次元転移をやってもたかが知れている。誰でもがそれを使えるようにならなければおかしい。そもそもハトホルの秘儀を受けようが受けまいが、人間という根源的な存在であれば、本来、誰でも活人術ができ、誰もがその力を持って生まれているはずだ。みんなが等しくできるもの、それが大事なことだ。そうでなければホンモノではない。

誰か一人しかできない――そんなものは永続しない。

この感覚は愛魂《あいき》上げのときもそうだった。

自分の魂を相手の魂に重ね、愛とともに包み込み、相手の攻撃的な動きや気持ちを無効にしてしまう――「愛魂」と名付けたこのキリスト活人術のいちばん大事なポイントは「愛」

だった。愛は広大無辺の存在である。その愛を前にして、人間がつくりあげたささやかな術を私有したり秘蔵したりすることのちっぽけさ！　それに気づいてからの僕は、後者の卑小さを内心で笑っていた。

それ以来、僕は自分が見つけたさまざまな技法を秘匿したり私有したりしなかった。いつだってオープンにして、公開してきた。ある人にできることは、人間なら誰にもできるはず。そうでなければホンモノではない。そうでなければ永続しないのだ。

再びあのルルドに行く日が近づいてくるにつれ、マリア様とキリストの生涯を振り返ってみると、その原点が見えてくるようになった。マリア様を思うことで、僕は陥りかけていた自分の傲慢から救われたのだ。

次元転移をやることで、小天狗になって目がくらんでいた。大学入試で躓《つまず》きかけた受験生を次元転移で救ったなどと、僕は有頂天になっていた。昨年の十二月二十二日から始まった新しい次元世界はこの俺が選んだ世界だ、この俺が望むような世界にどんどん変わっていくんだと、傲慢になっていたのだ。

ちょうどそんな時期に神様のお言葉をスラスラと書き下ろす迫登茂子さんというお婆ちゃんとご一緒にルルドに行くことで、僕の気持ちはマリア様にきちんと正対した。だからこれはおかしいと気づかされたのだった。

踊りゃいいんだ！――次元転移に代わるもの

迫登茂子先生たちとのルルドへの旅は、二年ほど前から強く望まれていた。だが、その頃から忙しくなった上に、頻繁に下腹部がシクシク痛むようになっていたので、内心ではとてもお供できないと考えていた。そのため、迫先生から同行を要請されるたびに、なんとか理由をつけて先延ばしにしてきたのだ。でも、新しい次元世界になってからは、自分でも少々無理をしてでも迫先生をルルドの聖地へとご案内しなくてはいけないと思いはじめた。

そうして、二〇一三年の三月後半に旅程を組むことになったのだが、そんなルルド巡礼旅行への出発が近づくにつれて、次元転移について疑問が出てくるようになった。それは、絶妙のタイミングでマリア様へと思いを再び馳せるように仕向けてくださった迫先生のおかげだ。

では、次元転移に代わるものとして何があるんだろう。特定のある人だけができるのではいけない。誰にでもできるもの。二〇一二年十二月二十二日に世界が新しい次元へと変貌しはじめる直前に行ったエジプト旅行がきっとポイントだと、常に頭にはあった。ギザの大ピラミッドの中でハトホルの秘儀が成就したことに気持ちが捉われてしまってはいたけれど、二〇一三年の二月末頃にはそれ以外に何があるんだろうと思い悩んでいた。ギザの大ピラミッドの中に入ったこと以外に、きっと何かヒントがあるはずだと。

思い出したのは、初めてエジプトに到着した日の夜の出来事だった。

あの夜はものすごくいい気分で、周りの雰囲気も上々だった。飛行機の中で一睡もしないで十六時間。途中カタールの首都ドーハで飛行機を乗り換え、エジプト南部の古代都市ルクソールに到着。

時差ボケもあるし、ほとんどの人は到着後すぐホテルで眠り込んでいた。僕も普通なら頭痛が出てすぐにでも眠りたくなるはずなのに、えらく快調で気分もよい。そこで同行してくれた姪っ子と八頭芳夫さんを誘って、三人でダウンタウンに行った。エジプトはワイン発祥の地なのだから、エジプトの地を踏んだ最初の夜くらいはワインを飲まなければと、ずいぶん勝手な理由で二人を誘ったわけだ。

タクシーで、ダウンタウンへ行く。だが、ルクソールの街はとんでもないところだった。まず交通信号は全部壊れている。その中を夜中でもヘッドライトを消して走る。なぜか理由は教えてくれない。対向車が無灯火で来るので危ないなと思っていると、こちらのタクシーもライトをつけていない。接近してぶつかりそうになって初めてお互いにライトをつける。ピッピーとクラクションを鳴らし、互いに挨拶を交わし終えたらまたライトを消して走る。

危ない、危ない。

街はアラブ系の服装の人たちで喧騒に包まれている。ツアーのガイドさんからも絶対にダウンタウンには行くなと言われていたが、「これは自己責任ですからご心配なく」と一筆書いて出てきた。

一見無法状態に思えるようなところだが、僕自身はなぜか落ち着く。僕は今までいろいろな国に行きあちこちのダウンタウンを見てきたが、ルクソールのダウンタウンくらい、なぜかホッとして、安全で、ぜったい大丈夫という確信が生まれた街はない。

周囲の状況はふだんとは明らかに正反対だし、実際、政府も一触即発で崩壊するくらい不安定だったが、なぜかホッとする。タクシーの運転手さんが街でたむろする兄ちゃんたちにいい店を聞いてくれて、結局そこに案内してもらった。二時間後に迎えにきてくれとタクシーの運転手さんに頼み、かろうじて英語が通じる店でエジプトワインを飲んだ。

だんだん三人で盛り上がっていった。

奥からコックさんが出てきて、「日本人か？　アメリカは敵だよね」と問いかける。

「そうだね。でも戦後アメリカに占領されたから日本はまだいいほうだった。ドイツはイギリスに占領されたから一時は悲惨な状態になったんだ」

と、ちょっとアメリカを擁護するような発言を返すと、コックさんの表情が曇った。気づかなかったが、イラクからエジプトに逃げてきた人らしい。親戚もアメリカ兵に殺されて、ことアメリカの話となると憎悪がみなぎってくる。それは、理屈ではない。「ごめん、ごめん」と謝ると、また機嫌がよくなった。イスラム教徒だから酒は飲まないが、最後は肩を組んで楽しく過ごした。

迎えのタクシーが来て、ホテルに着く。普通ならそのまま寝るところなのに、全然眠くないし疲れてもいない。なぜかルクソールが自分の故郷のように感じられて心地よい。ホテルにバーがあることに気づいて、もうちょっと飲んで行こうと二人を誘った。二人ともだいぶくたびれていたが、僕だけは夜はこれからだというほど元気だった。ここルクソールは第二の故郷だとご機嫌だった。

バーではホテル専属のオジさん歌手が出てきて、エレクトーンを弾きながら歌いだした。ホールは白人の客がほとんどで、そのうちムードのよい歌になった。僕はなぜかスッと立って、姪っ子に「踊ろう」と誘った。姪っ子も躊躇なくスッと立って僕と踊りはじめた。じつは僕は踊ったことがない。踊ったこともないし習ったこともない。周りは白人客がいるだけで、笑い者にならないように踊る自信はない。

でも、そんなことは気にならない。なぜか自然に踊りだした。姪っ子もこれまで一度も踊ったことがなかったらしい。それなのに、躊躇の「ち」もなく歌に合わせて踊りはじめた。バーの中では、それぞれの客がグループごとにテーブルを囲みながら飲んで会話していたのが、そのうちそんなグループ客たちも僕らの踊りを見ている。

柔らかな空気、いい笑顔。ワイングラスを差し出して声をかけてくれる。バーにいたみんなが、いつの間にか僕たちと調和を持ってそこにいる。曲が終わったら、白人客のみんながワーッと喜んでいる。踊りの腕前も何もない。僕たちの踊りは見よう見まねのそれなのに、不思議なことに僕は一度も姪っ子の足を踏んだりしなかった。見ている人たちも嬉しそうにしている。

終わってからも僕らのテーブルに向かって「よかったよ」と次々に声をかけてくれる。その後、他の人たちも踊りだした。休憩が入って、現地のボーイさんも急に打ち解けて話しかけてきて、俄然、扱いが変わった。なんだかいいもんだなと僕は陶然としていた。でもなぜあのとき、踊ろうなんて姪っ子に向かって急に言ったんだろう？

休憩が終わり、次の演奏が始まり、同じ専属歌手が歌いはじめた。エジプト衣装の男の専属ダンサーも踊りだした。一人で華麗なステップを披露したダンサーは、三曲目になるとテーブル席に座っていた姪っ子の手を引っ張る。そのとたん、彼女はパーッと出ていった。オクテの引っ込み思案で、人前に出るのが好きではない子なのに、えっとビックリするくらい躊躇なく出ていく。

僕と踊ったときはスローなブルースだったが、今度はジルバより激しいテンポの曲。でも、見事に踊っている。プロのダンサーが相手だからうまく踊らされたのかもしれないが、ゾーンにはまっていた。白人客の反応は、もっとよくなった。みんなが姪っ子に注目していて、喜んでいた。うーん、よかった。ほんとうによかった。

翌朝、朝食のためにホテルのレストランに行くと、前夜の白人客たちがいる。そのみんなが姪っ子に寄ってきて、「昨日のダンスはよかったね」と仲間をねぎらうように打ち解けていた。

二〇一三年二月の終わりになって、僕はあのルクソールの夜の情景を思い出していた。ルクソールの街を第二の故郷のように感じたこと。ルクソールには王家の谷があり、いろんな宮殿があってエジプト王朝の首都だった。ピラミッドははるか遠い田舎のギザに置いただけで、エジプト王朝の中心はルクソールだった。そのルクソールが僕にとってとても心地よく、自然に振る舞えるところだった。そのルクソールのホテルのバーで初めて僕は姪っ子と踊り、おかげでずいぶんと場の雰囲気が変わった。次に姪っ子がプロのダンサーと踊ると、もっと変わり、あの空間は穏やかかで気持ちのいい場になった。

ふと、「待てよ、踊ればいいのかな」と気づく。

次元転移なんか、必要ないんだ。あの夜のバーは、次元転移を行なったと同じくらい、いやそれ以上に場の次元が変わったのかもしれない。あの場は、まるでキリストがいたカナンの結婚式の披露宴の会場のように、和気藹々《わきあいあい》としていた。そのことに、バーにいた人たちも魂の奥底で気づいていたのだ。

六千年前、僕はルクソールにいたのかもしれない。エジプト旅行で一緒になって僕にいろいろ教えてくれたスピリチュアルな能力を持つ女性の井口まどかさんの魂も、上級神官だった僕の下で働いていた五人の女性神官の一人だったという。当時、僕は五人の女性神官のリーダー役の神官として、ルクソールで暮らしていたのかもしれない。

そして、当時の僕らがルクソールの神殿やギザの大ピラミッドの中でやっていたことは、そもそも踊りではなかったのだろうか？　女性神官たちを神殿の前や大ピラミッドの王の間で踊らせて、そのことでその場を変えたり、物事をきちんと調整したりして、調和のレベルを高くすることで当時の人々を活き活きとさせていたのではないかなと。

そんなことを考えていた。何の根拠もなく。

踊る愛魂

次元転移によらないで、場を変える――さてどうすればよいのか？

ルクソールの夜の出来事を思い出しながらヒントをつかんでいた。

踊りだ。

だから、ほんとうに踊りには愛魂で相手を倒すのと同じ効果があるかどうかを調べたいと思って、岡山の道場での稽古のときに門人相手に試してみた。道場で屈強な門人をドッシリと安定した姿勢で立たせておいて、しばらく踊りながらその門人の両肩にポンと手をかけた瞬間、門人はものの見事にバーンと倒れてしまった。

あ、これは愛魂と同じだ！

踊ればいいんだ。

というわけで、みんなにも試してもらった。踊って踊って、踊りながら、踊りの一環として一瞬、相手に触れてポンと投げる。

これなら、みんなできる。

踊ることで、その場、そこにいる人の場がすべて変わる。どう変わるかというと、あたかもその人たちが愛されているかのように変わる。踊ることで、こちらは相手を愛していないにもかかわらず、相手を愛することで具現する愛魂の効果と同じものが生まれ、相手の人を簡単に倒せる。踊りの場にいれば、そこにいる全員が踊っている人に愛されているのと同じことになるからに違いない。そんな事実に、気づいた。

これをみんなに伝えていけば、なにも次元転移する必要なんてない！　みんなが、それぞれの場所で踊っているだけで場が変わるのだから。

それまで、道場では僕はいつもこんなふうに言ってきた。

「愛してください、相手を心底、愛してみてください。心の底から、自分の魂で相手の魂を包むように、相手の人を愛してあげてください」

でも、

「わからない。愛すると言われても、どうしていいのかわからない」

と、真剣な顔で聞いてくる門人たちがいる。真面目なおじさんほどわからないようだ。でも、僕はなんとかして、教えてあげたい。そこで、「阿波踊りでも、安来節でもバレーやダンスでも、なんでもいいから踊ってごらん」と言って、それまで愛魂ができなかった門人たちもやっとできるようになった。

そこで、わかった。二月の終わり頃、やっと気づいた。

愛することは、イコール踊ることなのだ――ということに！

しかも愛魂は、対象となる愛する相手数人だけにしか効果はなく、愛していない人には効果も及ばない。でも踊れば、その場にいる全員を愛することになる。そのほうがより根源的だし、広がりも大きい。踊りは誰でもできるから、こっちのほうが真理に近いはず。

僕にしかできない技なら、大声を張り上げて自分の主張を繰り返しても、あまり意味がない。誰でも踊ればそうなるんだよとみんなに伝えていけば、みんなの周囲の場がどんどんよくなる。これは、とてつもなく意味深いことではないだろうか?

二〇一二年十二月二十二日から変貌しつつあるこの新しい次元世界では、それ以前の世界で僕だけが相手を愛することでできていた愛魂という活人術技法と同じことが、誰もが単に踊ることとで実現されてしまう。ついに、そんなすばらしい事実にめぐりあうことができた。

「あんた、これ肝臓癌だよ」と言った岐阜の超能力婦人

ルルドに行く直前の三月五日、岐阜にいらっしゃる超能力を持った女性の治療家に、僕の身体を診てもらうことになった。その人は癌患者を診るのが中心で、とにかく癌を治してしまうらしい。

その女性は、気功師だった。七十代半ばのはずだが、お顔立ちも肌つやもどう見ても五十代としか思えないほど若い。毎日こうして気功を練っていると、身体も気分も若返ってくるそうだ。しかも、今年になってから(つまり新しい次元世界に突入してから)気功のパワーも若返りも加速しはじめたという。

ここにもまた、この世界が変貌を遂げたことを示すひとつの徴《しるし》があった!

僕が出会った中で、この超能力を持った女性は広島在住の業捨《ごうしゃ》の先生と並んで双璧の治療家だ。広島の先生の業捨はものすごく痛い。極度の激痛に延々と一時間以上耐え続けた果て

に、ホッと病魔から解放される。ところが、この方の治療はまったく痛くない。あっという間に終わるし、そもそもこちらの身体に触れることもない。

ほんとうにすごいとしか言いようがない。どういう具合かというと、たとえばある病気を抱えた誰かがこの方のところに行ったとする。彼女はなんでも数値で言い当てる。「あんた、血糖値が二百八十もあるからこれではダメよ。百五十くらいにしておいてあげるわよ」、あるいは「ガンマGTPが高いからせめて二百くらいには下げてあげる」などと言う。診てもらった人は当然疑う。翌日、病院に行って検査すると、なんと数値がドンピシャリ。

そういうすごい超能力の方がいるからと紹介されたのだが、わが身にも疑いがないわけではなかったので、ルルドへの巡礼旅行に出発する直前、岐阜に行った。

大手ハンバーガーチェーン店の近くに、名前も雰囲気もパーマ屋さんのようなご自宅を兼ねた治療院があった。

ご挨拶も早々に、まず診療台にうつ伏せに寝るように促される。僕は、どんなふうにやるのか興味があった。じつは、僕は気功とかスピリチュアルな治療などにもけっこう行っている。僕の意識の中ではとても興味があるのだが、残念ながら気や霊的な変化を感じ取るほうのカンは鈍く、どの治療家のところに行ってもよくわからないというのが実状だったし、痛みが消えたとか体調が良くなったという体験もなかった。

二〇一三年の正月明けに著名な東京の気功家のところに連れていかれたときも、その気功家が、「では気を送りますよ」と言いながら気を送る。「身体が熱くなるでしょう」と言われても、僕はまったく鈍いのでその気が感じられない。だからそういうのはあまり効かないと思っていた。

岐阜の超能力の女性のときも、何も期待せずにうつ伏せに寝て待っていた。すると突然、背中にビリビリとすごい衝撃が走った。電極が二本ピッと当てられ、その間に百ボルトくらいの電圧をかけて僕の背中に電気を流したような衝撃。なんの前触れもなし。とっさに僕は「何をするんですか！」と後ろを振り返った。

治療家は電極も何も持っていない。僕の身体にも触れていない。

ほんとうに背中に電気が走ったのに、彼女はただ僕に手を向けているだけ。

七十いくつだと聞いていたからお婆さんと思っていたけれど、見かけはもっと若い。それもすごいことだが、気とか霊力といったものにこれまで一度も反応したことのなかった僕がこんなに反応するということは、この女性の超能力はホンモノだと確信できる。

そう直感できたので、僕の身体や病気について何かわかるのかなと思ってじっと待っていた。すると彼女は頭のほうに回ってきて、僕の身体には触れずに、頭の上のあたりで手を動かしはじめた。気にしていた僕はちらっと見上げて、何をやっているのかと不審な顔をしたようだ。それを受けて彼女がいきなり言った。

「あんただめだよ、これは肝臓癌だね。二年後には発症するから、今から取っとかないとヤバいよ」

僕はそれを聞いて、「どうしたらいいんですか」と尋ねた。すると彼女は「なんとか取ってはみるけど……」と、頭の上の空中で手をずっと動かしている気配がした。すると、頭ではなく、一年ほど前からずっと違和感や痛みのあった、明らかに肝臓だと思われる部分がまるで雑巾が絞られるように感じられた。

彼女はときどき「どう?」と聞いてくるから、

「いま肝臓が雑巾のように絞られているような気がするんですが……」

と答えると、

「あんた、けっこうわかるんだね。そうなんだけど、ちょっとあんたのは取れないな、ごめんね……」とサラリと言いのける。反射的に僕が、

「そりゃー、ないでしょ。肝臓癌があるよと教えるだけ教えておいて、肝心の悪いところを取ってくれないの?」

と心のうちで自問したのがおわかりになるのか、

「わたしだって努力しているのよ」

と、さらに汗を流して長時間やってくれた。

この超能力の治療家には、ほんとうに頭が下がる。僕を紹介してくれた人が初めてこの方の治療を受けたとき、「俺が受けたなかであなたが日本一だ。この治療はこれだけの価値があると思う」と言って、財布から大枚のお金を出してカウンターに置いたそうだ。そのお金を見て、彼女は急に怒りだした。

「なんだいこれは、やめてくれ！　私の能力は神様からいただいたものだ。自分が望んで努力して勉強したわけでもなんでもない。あるときたまたま行った神社で拝んでいたら、こんなことができるようになったんだ。だから私は世の中の人のためにこの能力を使わせていただいているだけだから、自分のところを維持するために必要な最小限の料金をもらっている。それ以上のお金をもらったら、その瞬間、私はこんなことができなくなる。だからこれは持って帰ってくれ」

すごい剣幕だった。これはホンモノだと、その人も余計に感動して、決まったわずかの金額だけお支払いした。この女性はほんとうに裏表のない、屈託のない、しかも若く見えるすばらしい笑顔の持ち主だったし、この人はホンモノだろうと思って僕に紹介してくれたのだった。

そのすごい方に、別れ際に「あんたまだ肝臓癌を取りきってないから、二年後には危ないから、それまでにときどきおいでよ」と言われていたが、僕は内心二度と行けるとは思わなかった。名古屋駅から車で一時間もかかるし、紹介してくれた人にまた運転を頼むわけにもいかない。レンタカーで行っても、たぶん場所も思い出せない。二度と行くこともないだろうと、住所も道順も場所の情報もなんら覚えていなかったのだから。

後になって再び行くことになるとは思わなかった。

「女にされた……」と告白した若い女性

ルルドへと旅立つ前日の三月十七日、天外伺朗《てんげしろう》さんが主宰する「ホロトロピック・ネットワーク」の講演会に講師の一人として呼ばれ、話をすることになった。テーマが「愛」だというので、僕の大学の渡辺和子理事長のベストセラー『置かれた場所で咲きなさい』（幻冬舎刊）を引き合いに出し、話の最後に、相手を愛するとどうなるかという例証として希望者と腕相撲をしてみることにした。

最前列に若い魅力的な女性が座っているのを講演の間にチェックしておいたので、彼女に壇上に上がってもらい腕相撲の相手をお願いした。彼女はテニスをしているというとおり、けっこう腕力が強く、まずは力任せにやってみたものの、男としては非力な僕との勝負は互角だった。

そこで、次に僕はキリスト伝来の活人術としての愛魂の技法を用いた。つまり、腕相撲の相手の彼女を「愛し」ながら腕相撲をやってみせたのだ。すると、いとも簡単に僕が勝った。講演後のパネルディスカッションを終えると、会場からさまざまな質問があったが、それぞれの講演者に対して「あなたにとって愛とは何ですか？」と聞かれた。去年の十二月二十二日以来頭がボーっとして働かないので、僕は答えようがなくて困っていた。それでもちゃんと僕の番が回ってきて、さあ困った。

困り果てた僕の視界に、ふと先ほど登壇して腕相撲の相手をしてくれた女性の姿が映った。そこで苦しまぎれにその女性の手を取りステージ前の床の上で踊りながら、「これが愛です！」と叫んだ。

相手を愛するのと同じ効果を出せることに気づいていたので、踊ることが愛なのだとその頃には考えるようになっていた。だが、「あなたにとっての愛とは何か」と突然に聞かれて即答できず、己の自我意識が白濁して思考放棄となったとき、魂の奥底から湧き出たかのようにとっさに女性の手を取って踊りはじめた自分の動きを通して、その瞬間に完全に悟っていた。

愛は舞いだ、と。

しかも、迫登茂子先生のお供でフランスにあるマリア様の聖地ルルドへと旅立つ前日に、理屈ぬきで百二十パーセントの確信を得ることができたということは、これもまたマリア様の御慈悲だったのかもしれない。

閉会の時間が迫っていたが、最後の質問が出た。だが、その質問は講師の誰かに対するものではなく、なんと腕相撲の相手をしてくれた若い女性に対してだった。それは、

「腕相撲をしたとき、最初と最後ではどういう感覚の違いがあったのか教えてください。とくに、最後の愛による腕相撲で負けたとき、あなたはどんな気持ちだったのですか？」

というもの。

その質問を聞いたとき、僕は演壇の上に他の講演者たちと並びながら、なかなか面白い質問だと思った。そして、質問された若い女性の答は、それこそこの僕を唸らせてしまうほどに見事なものだった！

「女にされた……というか、女になった気分です」

会場は沸きに沸いて、愛の効果がみんなに伝わったようだった。とても嬉しかった。すべての人にとって、楽しく愉快な講演会になった。やはり、愛や次元転移が場を変容させてしまうように、踊りもまた場を完全に塗り替えてくれる。それに気づけたこともあって、

「愛とは、踊ることでいいんだ」

「次元転移なんかは捨て去ってしまえばよいのだ」

と、僕は確信した。

そうだ、これでいけばいいんだと。

講演会が終わって、懇親会が開かれた。すると、講演を聴いていた女性たちが「ハグして、踊って」と次々にやってくる。以前の僕にはありえなかったことだが、みんなでハグして、抱き合って、踊って、その場は愛に包まれていった。その渦は周囲にいた男性たちをも巻き込み、若い頃には東大の空手部主将をしていた真言宗の坊さんも、日本国中の山々を巡ってきた修験道の行者も、哲学者も、大学教授も建築家も、みんな踊りの輪に入り、抱き合っていた——。

でもこうしてはいられない、翌日、三月十八日の深夜には迫登茂子先生のお供でルルドに発たなければならないのだから。

《第二章》

ふたたびルルドへ

加藤一夫さんの叫び

今回ルルドへの巡礼旅行をアレンジしてくれたのは、加藤一夫さんの奥さんと娘さんだった。岡山の道場が七年前に女子大生以外の一般の男性門人も受け入れるようになったとき、加藤一夫さんは岡山にフラッとやってきてそのまま岡山に住み着いた。

加藤さんは四十年ほど前にシベリア経由でヨーロッパに渡り、あちこちを転々としてパリに定住。子どもさんたちはフランス国籍。奥さんもパリの永住権を持って日本人観光客の世話をする仕事をしている。気骨もあり腕っ節も強い加藤さんは、ヨーロッパに行ってからも喧嘩をふっかけられて負けたことがなかったらしい。

パリに定住するようになって三十年ほど現地で少林寺拳法を修行し、パリ道場でも長年指導してきたが、だんだん歳をとって、若いフランス人男性に体力で押されるようになった。これはいかん、日本には歳をとっても体力でまさる若者を抑える奇跡的な武術が残っているかもしれないと、家族をパリに残して単身日本に戻った。

日本にはもう身寄りがなく、天下御免の異邦人《エトランジェ》のような人だ。そのため、日本の地理的など真ん中に当たる名古屋に居を構え、いろんな武術の本を読んだ。すごい先生がどこにいるか、若さや体力を超える究極の武術はないか。ホンモノを求めてあっちの先生こっちの名人と行脚を続け、直接立ち合ってみては、これはダメ、あれはダメだと、いささか落胆していた。そんなとき、すごい合気の先生がいると聞いて電話を入れて稽古の約束を取りつけて筑波へ行こうと名古屋駅まで出てきたとき、たまたま新幹線の時間を待つ間に入った書店で見つけたのが僕が当時出したばかりの『合気開眼』（海鳴社刊）という本だったらしい。

立ち読みして、これはすごいと思った加藤さんは、電話で約束していた合気の先生をすっぽかし、その足で岡山の道場に来て稽古に参加した。その結果、これこそ求めていた武術だということで、岡山に定住することになった。収入はどうするのかと尋ねると、フランスから年金が出ているので大丈夫だが、やはり定収入はあったほうがいいから自分にもできる仕事を探しているとのこと。

僕は四国の多度津《たどつ》にある少林寺拳法総本山の武道専門学校に教えに行っていたので、そこに問い合わせると、ちょうど寮の舎監をしてくれる人を探しているところだった。拳士、つまり少林寺拳法をやっていた人物なら問題なしと返事があって、すぐ決まった。

加藤さんの奥さんはパリ在住のままで、日本の旅行会社からのツアー観光客の送り迎えや、パリ国内でのオプショナルツアーのアレンジをしている。おまけに、ルルドには何度か行って日本人相手の観光ガイドもしているというので、今回の旅行のアレンジすべてをお願いした。

一睡もしない迫登茂子先生

三月十八日、深夜の羽田空港で迫登茂子先生をお迎えすると、ご様子がどうもはかばかしくない。お尋ねすると、数日前から体調を崩していたとのこと。一緒に行く人たちも心配して中止にしたらどうですかと進言する人もいた。先生はいろいろ考えたけれど、ルルドというのは身体の具合が悪い人がマリア様のご加護をいただきに行くところだから、行ったほうがいいに決まっていると結論づけた。行けば元気になるはずだからということで、決行することにした。しかし、羽田空港に深夜集結したときの迫先生には、いつもの覇気がない。深夜だし、いつもなら寝ていらっしゃる時間だからかなと思い、同行のみなさんとにこやかにされていたのでそれ以上は気にしないことにした。

深夜の機内では、普通みんな寝る。機内食を食べてビールかワインを飲んで寝る、これが通例。ところが、八十歳過ぎの迫先生だけは一睡もされない。ずっと外を見ている。普通起きている場合はみんな機内配給の映画を観たり、新聞や雑誌や本を読んだりする。迫先生はまるで幼い少女の遠足のように、ずっと窓の外を眺めている。

シベリア上空にかかると飛行機の下に散在する小さな街の明かりを見て、手を振る仕草が子どものように可愛い。北極圏に近くなって今度は成層圏のはるか上のほうに光るオーロラを見つけたときには、まるで天使に会ったように喜んでいた。旅先での体力の消耗を心配したお供の人が「先生、お休みになったほうがいいですよ」と進言する。すると先生は、「ルルドに近づいているのにもったいない。窓の外はこんなにきれいな景色で、わたしは地球のこの景色を見ながら行くの」

と目をクリクリさせながら笑顔で答える。

三月十九日の早朝、シャルル・ド・ゴール空港に着陸し、空港内をバスで移動して国内線に乗り換える。結局迫先生は一睡もせず、十三時間かけて東京の羽田からパリのシャルル・ド・ゴールに飛んでパリ時間では朝の六時。絶対疲れているはずなのに、羽田でお目にかかったときよりも、なぜか元気なご様子。顔色もよい。

僕が「先生、元気ですね」と言うと、すばらしい笑顔で「だってルルドに近づいたから」とひと言。

今度は、フランス南部のポーへ飛ぶ小さな飛行機に乗り換える。早朝にポーという小さな田舎町へ行くフランス人はいないと見えて、わりと空いている。そのおかげで、みんなそれぞれが窓側の席に陣取って、まことにゆったりとした豪華なフライトになった。迫先生は、やっぱりずうっと外を見ている。今度は明るいので視界もいい。空もきれい。フランスの田舎の上空を飛ぶから、どこまでも広くてきれいな農地を見ている。

　僕は先生の真後ろの席だった。先生は、

「みんなきれいな畑ね。こんな畑でつくった野菜はおいしいに決まっているわよね。ここまで行き届いた畑はとってもきれいね」

　と独り言のように話しかけてこられる。「先生はずうっと羽田から寝ていないでしょう」と僕。迫先生は、

「寝ていられませんよ、こんなきれいなものを神様に見せていただいているのに」

　と微笑んでいた。

　今回の巡礼旅行、姪っ子は母親と一緒にきていて、そのとき我々の小型旅客機の左上空に変なものがあると言い出した。デジカメで写真を撮って拡大して見せてもらうと、たしかにおかしい物体が写っていた。いわゆる空飛ぶ円盤状ではなく、ドーナツ状の形状だ。明らかに雲ではない。

　どうも、我々を歓迎しているふうだ。パリからルルドに行く飛行機で早速そんなものが出たわけだから、僕が「あっ、これ歓迎してくれているんだ。きっとルルドで何かいいことがあるよ」と言うと、みんなわあっと沸き立った。

　一時間ほどで無事にポーの飛行場に着陸。空港と呼ぶにはあまりにのどかで小さかった。

空はきれいに晴れている。パリまでは天気が悪かったし、現地の天気予報ではルルドもずっと悪いとあった。悪天候を覚悟して着陸したら、なんと晴れている。

パリを出るとき迫先生には「ルルドの天気は悪いようですよ」と伝えておいたが、「だいじょうぶ、私が行けば晴れるから」と、一点の疑いもないご様子。そういえば、先生の行くところはいつも晴れると聞いたことがある。土砂降りでも、先生のいるスポットだけが晴れるそうだ。今回もまたご多分に漏れず、着いたら晴れてしまった。

ルルドへ

ルルド近郊のポー村にある飛行場に降り立つと、我々が乗るマイクロバスが迎えにきていた。現地の運転手さんが「ＳＡＫＯ」と書いた紙を持って待っていた。迫先生は彼と握手して、「みんないい人ね」と笑顔で振り向く。六十過ぎの運転手さんは言った。

「今朝まで雪が降っていたのに、さっき晴れてしまった。あんたたち、運がいいね」

迫先生は、ほんとうに晴れ女だった。

雪が道路わきに残っているけど、信じられないくらい暖かい。ポーから一時間くらいでピレネー山脈につながる雪山にぶつかる。迫先生は「きれいなところね。ルルドはどっち？」と聞く。僕が運転手さんに聞くと、彼は「あのとんがった山の下あたりです」と教えてくれた。そのとんがった山が近づくにつれ、迫先生はますます元気になった。他の人は寝てばっかり。僕も寝たかったけれど、迫先生のお隣とあっては車窓の景色を説明しないといけないし、フランス語の通訳もしなくてはならず、寝てなんかいられない。

ピレネー山脈はポーから南の方角にある。ピレネーを越えるとお隣の国スペイン。その途中にルルドがある。豊かな広い農場がきれいだ。フランスが農業国だというのをつくづく感じさせる。ポーからバスで一時間ちょっとでルルドの町に入り、町の中心にあるホテルにチェックインした。

迫先生はチェックインするや否や、「洞穴に行きましょう」とおっしゃる。僕が「休まなくてよいのですか?」と念を押すと、「休んでなんかいられません」ととても元気なご様子。

「羽田から一睡もしていないでしょ?」

みんな迫先生の体調を心配している。心配しているみんなは、バスの中や飛行機の中で仮眠を取っていてもかなりの疲労感を漂わせている。ところが、羽田空港からの道中、一睡もしていない迫先生はとても元気で、ルルドに着いたらもっと元気になっていた。

ルルドの町に四日間滞在する予定だった。ルルドは、狭くて小さな町。その狭いところに四日間もいるなんて、僕は無謀だと思っていた。迫先生の秘書役の平松瑠衣さんが事前に先生の希望をうかがうと、あまりあちこちウロウロしたくない、とにかくルルドにいたいというので、そういう日程が組まれていた。僕はこんなところに四日もいるなんてみんな飽きるだろうなと思っていたけれど、しかたがない。着いた日くらいは各自ホテルの部屋で休んでくれると思っていたのに、迫先生は「さあマリア様の洞穴に行きましょう！」と元気いっぱい。これから行ってしまって、明日からどうするのと思ったけれど、ご案内した。

洞穴を見てもすぐ終わる。長くいても三十分もかからない。洞穴へは上り坂もあるので迫先生に「大丈夫ですか」と聞くと、「わたしは大丈夫よ」と明るい声が返ってくる。そんな中、みんなで坂道を歩く。

ホテルからルルドの洞穴へは、塀で囲んだ聖域の正門よりも脇の門からのほうが近いので、脇門から入った。洞穴に三十分ほどいて、みんなで手を合わせた。僕は二度目となるルルドの洞穴にたたずみながら、ふと京都の由緒ある神社の御年八十三歳となられる巫女様のことを思い出した。

「祝之神事」に降りてきたマリア様からの祝福

ルルドに出発する三週間前の二月二十四日、伯家神道の「祝之神事《はふりのしんじ》」に行った。そのとき巫女様が、神事の中では珍しいというか稀有というか、初めての出来事が起きたと言われた。神道だから天照大神《あまてらすおおみかみ》様とか国之常立神《くにのとこたちのかみ》とか日本の名前がついた神様が降りてこられるのが

通例だが、このとき巫女様の六十年以上の長い修行の中で、初めてマリア様が降りてこられたという。聖母マリアが、

「いらっしゃい。お待ち申しておりますから、いらしてください」

と、手招きしていたと言うのだ。

マリア様はあなたに期待していらっしゃるのですよと、巫女さまが教えてくださる。その時点では三月十八日からルルドに行くことをすでに決めていたのだが、僕はそれを聞いて、「えっ、まさか」と思った。だって、絵に描いたようにマリア様の手招きがあるなんて……あまりにできすぎではないか。

ところが、巫女様がさらに僕にそっとおっしゃるには、マリア様の胸の中央に真っ白いバラがあったという。じつは、白いバラはマリア様の御心を象徴するもので、だからマリア像にはたいてい胸にバラがついている。

だから僕は、あっと思った。これはきっと、ルルドでよいことがあるぞ。ほんとうにマリア様が待っていてくださるんだと。

だからルルドに着いた翌日、迫先生はじめみんなで一緒に再び洞穴に行ったとき、なぜか巫女様に連絡しなければという気持ちになって、ルルドの洞穴の前で携帯電話の電源を入れて日本にいる巫女様に電話をかけた。僕から巫女様に電話するのは、初めてのことだった。

それまで巫女様からときどきかかってくることはあったから、電話番号だけは知っていたという程度。

それが、洞穴を前にしてなぜか電話をしなければと感じた。日本は夜、こちらは昼間。時間のタイミングもよく、なんら躊躇もなく初めて自分から電話をした。「じつは今ルルドの洞穴の前におりまして……」と切り出すと、「ようございました。無事にルルドにお着きですね」と答えてくださる。続けて巫女様は夢の話をしてくださった。

「じつは昨日マリア様が夢枕に立たれ、私にマリア様の胸の聖心を表す白い花をくださったんです。それをうやうやしく頂戴し、なんてきれいなお花だと眺めていたら、その花の中心から水がバーッと湧いて、まるで洗礼のように私の頭にかかったのです」

ああいう巫女様たちは、白昼夢のようなものをご覧になる。寝てもいないのに夢のようなものを見る。それが何かの神意を表していることも、よく知られている。その巫女様が、

「ルルドに行かれる前にマリアさまが手招きで呼んでくださったうえにこうですから、必ずや何かマリア様のお助けを頂戴できると思いますよ」

と言ってくださった。日本に向かって頭を深く垂れた僕は、

「ありがとうございます。ちょうど私はその洞穴の目の前にいます」

と説明して、電話を終えた。

だから余計に僕はルルドにいる間ずっと、今回もマリア様の祝福をいただけるかなと期待していた。しかし、その日も、翌日も、何ごとも起こらない。

ミカエル橋で

ルルド滞在三日目の午前中、すでに日課となった感がある洞穴でのお参りのあとで、駅のほうへ行きましょうということになってみなさんと一緒に聖域の正門へ向かった。正門を出たところに橋があり、そのたもとで誰かが、「橋に名前が書いてある。あ、ミカエルとある」と叫んだ。見ると、たしかに橋の名前はミカエルとある。みんなが正門とミカエル橋の間に立ちどまってうろうろと見物していた。

すると、他の誰かが門柱を眺めていて、そこにもミカエルと書いてあることを見つける。つまり、正門がミカエル門で、その前に架かっているのがミカエル橋というわけ。へえーっと思って見上げたら、正門両脇の門柱の上に小さい天使が二人いる。それとは別に少し離れたところにでっかい柱が立っていて、その上に巨大な大天使ミカエルの像が立っていた。僕は「ええー、こんなところにあのミカエルが！」とあらためてじっと見上げた。

十年前、僕は駅の近くのホテルにいた。夜暗くなってから、みぞれ混じりの冷たい雨の中を歩いて正門から入って洞穴に行った。みぞれ混じりの上にあたりは暗く、初めての町なので道を間違えないように必死だった。遠くに見える洞穴の上に建立された教会の明かりを目指していた。そのため、あたりをろくに見てない。橋の名前も門の名前もどうでもよかったし、まして真っ暗闇の中、こんなところに大天使ミカエルの像があるなんて気がつきもしない。

でも、その少し前にホテルのレストランで隣にいたギリシャ彫刻のような美しい顔立ちの男性が「クラージュ（勇気を出せ）」と言って消えていった。あのひと言は、癌から生還できるかどうか心中で音を上げていた僕には福音のように響いた。日本に帰ってみんなにその話をするときに、その男のことをなぜか僕の口が勝手に「大天使ミカエルだ」と言ってしまった。

本音では、いったいなぜルルドにミカエルが現われるんだと混乱していたのだが、あれから今回ルルドに来るまでの十年の間ずうっと疑問に思っていた。ルルドはマリア様の聖地なのに、なぜミカエルが現われて「クラージュ」と言ってくれたのだろう？　どうして彼がミカエルで、ガブリエルやラファエルなど他の大天使ではなかったのだろう？　ガブリエルは、マリア様のところに受胎告知に現われた。そのガブリエルをさしおいて、なぜミカエルがあのときルルドで僕に「クラージュ」と言ってくれたのか、それがずうっとひっかかっていた。

それが、今回来てみると、ルルドの洞穴を囲む聖域に入るための正門にミカエル門という名前がついていたことがわかる。その近くには、悪魔を踏みつぶしている大天使ミカエルの巨大な像があり、さらにはミカエル橋という名前の橋があった。僕は何も知らずに、十年前のクリスマスの深夜、マリア様の御心を求めてみぞれ混じりの冷たい雨の中を一心不乱に洞穴を目指していた。大天使ミカエルに見守られながら、ミカエル橋を渡り、ミカエル門をくぐっていったというのに、そんなことにはついぞ気がつかなかった。あのギリシャ彫刻のような美男子に言われた「クラージュ」のひと言は、僕にとってものすごく深い意味があったのだ。日本に帰って何も知らずにあれはミカエルだと口を衝いて出たあの直感は正しかったのだと、僕は胸をなでおろしていた。

そのあと、駅のほうに歩いていって、十年前に僕が泊まった駅前のホテルを案内したり、町の目抜き通りを見学したりして、日が暮れる頃にホテルに戻った。けっこう上り下りのきつい坂もあり距離もあったのに、迫先生は僕たちと一緒に休まずに歩かれた。午前十一時頃に洞穴を出発して、ホテルに着いたのは午後の四時半頃。

さすがに先生も少しはお疲れのご様子だったので、「先生、僕のわがままを聞いてくださ い、晩ご飯までの間、部屋で少し横になってください」と頼んだ。七時まで休憩してくださいと言って、僕も部屋に戻った。七時に晩ご飯ということで、みんなで一緒に食べましょうと、ホテルの近くに適当な店を見つけ、今回の巡礼旅行に参加した八人全員がいつものように一緒のテーブルについた。まっとうなフランスのカフェで、僕がメニューを紹介して希望に沿ってワインを選び、それぞれ好きな物を頼んだ。迫先生がワインがおいしいと言って、珍しくよく飲まれていたが、僕は痛みを笑顔で押し殺してごまかしていた。

じつは二年ほど前から、調子が悪かった。ちょうど肝臓とその下あたりがときどき痛くなった。これは癌の再発かという疑念がよぎった。アルコールを飲めば飲むほど痛くなる。肝臓か、あるいは大腸だろうか。だんだん痛みがひどくなっている。

さすがにこれはまずいなと思った僕は、ルルドへの旅行から帰ったら十年前に手術してくれた女医さんのところに行って、すっかり観念して頭を下げて診てもらおうと思っていた。しかも三月十七日の講演会のあとそのまま東京に泊まり、その翌日にフランスに発つという強行軍のせいもあって、肝臓あたりの痛みに共鳴するように奥歯も痛みはじめた。

東京ではなんとか我慢していたが、羽田空港で飛行機に乗る頃から痛みがはげしくなって物が噛めない。機内食も食べられない。左が痛いからということで右の歯で噛んでみても、やはり左側の歯が痛くなる。痛みに耐えかねて、しかめっ面をしているとみんなに悪いから、できるだけにこにこして、噛まずにむりやり飲み込んだりしてごまかしていた。迫先生がワインがおいしいというから、僕もワインをおいしそうに飲まないといけない。妙な顔でワインを飲んでいたはずだ。

ルルドの四日間は、食事も観光もお参りもずうっとみんなと一緒で、迫先生はどのレストランに行っても、おいしいおいしいとフレンチの食事を続けていた。僕としては、身体のために何度か食事もワインも抜きたかったのだけれど、迫先生がこれほど喜んでくださるのなら、これは無理をしてもしかたないと自分に言い聞かせて我慢していた。

あの悪魔がいた

ルルド最後となる四日目の朝、七時半頃に朝食会場に行くと、ご夫妻で巡礼旅行に参加されていたお二人が少し遅れてやってきた。旅行の間ずっと脂っこい料理を食べ通しで余分な脂肪がついたので、洞穴をグルッと回って走ってきたそうだ。

僕を見つけるなり、ご主人が「いた、いた、あの悪魔がいた!」と真剣な目つきで訴えてくる。十年前に僕が出会った悪魔が洞穴の入り口のところにいたという。その悪魔の権化となった女性はヤッケを着てじっと座っていて、気味が悪いことこの上ない。しかも、今回は十年前の赤いヤッケではなく、白いヤッケだという。このご主人は僕が十年前のルルドでの神秘体験をペンネームで公表した『魂のかけら――ある物理学者の神秘体験』(春風社刊)を愛読していたので、十年前にルルドの洞穴の中で赤いヤッケを着た凍るように美しい女性の姿で現われた悪魔の話を覚えていたのだ。

僕は、いくらなんでも今朝のその白いヤッケの女性はあのときの赤いヤッケの女性とは関係ないなと思った。十年前に三十代と思われた女性なら、今は四十代のはず。なのに、僕が本で書いたとおりの三十代の美しい横顔の女性だというのだから……。朝食後、また迫先生たちと一緒にルルドの洞穴へぞろぞろと歩いていった。九時半頃に洞穴に着くと、先ほどのご主人が「ほら見て、まだいる！」と僕の耳元で叫ぶ。

ほんとうにいた！

顔は見えないけれど、見た瞬間にわかった。白く長いヤッケにフードをかぶり、横から見た感じがあの十年前の悪魔とそっくりだった。十年も経っているのに、歳はとらずにそのままの姿だった。ぜったいあの悪魔だと確信できた。九時半頃だからあたりには観光客の姿も見える。周りの人も不気味そうに彼女のそばには近づかない。ひときわ異様な修道服のような白い服が目立っていて、魔女というか魔物というか、この世のものとは思えない。それがわかるから、みんな遠巻きにしている。

僕たち一行は洞穴へのお参りを断念して、教会へ向かった。ちょうど始まろうとしていたカトリックのミサに参加し、そして町に行って昼食にし、いい店に当たってみんなおいしくいただいた。それから再び洞穴に向かうと、さっきの悪魔の姿は消えていて、迫先生を交えて安心してちゃんとお参りすることができた。

天使様の祝福の行列

四日間、ずっとルルドだけにいたにもかかわらず、常にみんながいつも僕が行くところについてくる。朝から晩まで、洞穴に行こうが教会に行こうが町に出ようがいつも一緒。一回くらい僕は十年前のように一人で洞穴に行きたかったのに、皆ぞろぞろとついてくる。もう勘弁してほしいなと思ったが、これは観光見物なんだし、僕は迫先生のお供として参加しているんだからと諦めていた。

しかし、ルルド最後の夜になってちょっと頭を働かせた。ルルドでの晩ご飯としては最後になるわけだから、お世話になったホテルのレストランで食べようということになった。食事が終わってみんなに、「明日は早いし、今夜中に荷物をまとめておかないと慌てることになるから、みなさん、食後はそれぞれの部屋で荷物の用意をしてくださいね」とお願いした。迫先生もみんなもそれぞれの部屋に戻っていく。

内心、ほっとした。夜はずいぶん更けていたが、僕はそのとき初めて一人で洞穴に行くチャンスをつくることができた。時刻は夜の十一時半、洞穴には誰もいない。門は十二時に閉まるので、時間はわずかしかない。とにかく洞穴の奥で形どおりのお祈りをした。十年前ここに悪魔みたいな女性がいて、ここに立っていたなと思い出しながら、マリア様が出現されたという十字架のところに向かい、手を合わせて感慨深く立っていた。

ところが、ヘンだ。しばらくすると身体が震えるように勝手に動きだした。頭は冷静だが、だんだん上半身が勝手に前に倒れていく。僕はもともと身体が固い。前屈して手が地面につくにはほど遠いほどの固さなのに、それがなぜこんなに柔らかくなったのだろうと思えるほど頭がペタンと膝にくっつくくらい前に折れた。しかも、なぜか涙がブヮーっと出はじめる。身体は前に倒れているから、涙が頭のほうに垂れてくる。

身体が自分の意志とは関係なく動いている。内心、「何だ、これは!」と驚いているが、とにかく涙が止まらない。そのうち声に出してわんわん泣きはじめた。鼻水や涎《よだれ》も出てくる。それが五分ぐらいずっと続く。ここに誰か来たらまずいなと冷静に思う一方で、わんわん泣いている。

そのうち泣きやんでやっと涙が止まったと思ったら、徐々に腰が伸びて身体もまただんだん元の状態に戻った。顔も頭もグチャグチャ。ハンカチで拭くとぐっしょりだった。幸い信者も誰もいない。

しかし、いったい何だったんだろう? 僕は、不思議な自分の行動にびっくりしていた。

時計を見たら、もう十一時四十五分。十二時には聖域の門が閉まるから急いで帰らなければばならない。あたりは真っ暗闇。速足で門のほうに向かって歩いて行くと、正門のほうからロウソク行列がやってきた。二十人くらいの十二、三歳ほどの少年少女たちの行列。

え、こんな時間に？

ありえない。普通のロウソク行列は夕方だ。子どもだけではやらない。明らかに異界の子どもたちという感じ。しかも閉門まで十五分しかないのにと、不思議に思いながら門へ向かった。すれ違うときに「ボンソワール（こんばんは）」と声をかけたが、行列の誰も何も言わない。どんなフランス人でもすれ違うときには必ず挨拶してくれるのに、まったくの無言。無視されたことでほんの少し腹を立てた僕は「何だろう、こんな夜更けに、こいつら？」と思いながら、ロウソク行列をやり過ごした。

門を出てホテルに向かって歩いている途中、ふと身体の変化に気がついた。

あれ？　痛くない。

そういえば、脇腹の肝臓あたりの嫌な鈍痛が消えている。あれ、どうしたんだろう？　そういえば左の奥歯も痛くない。飛行機の中では痛くて機内食も満足に食べられなかった。右側の歯で嚙んでも左の奥歯に響いて痛かったのに、それもなくなっていた。

翌朝、肉も野菜もバリバリ食べて、久しぶりに思いっきり食事を楽しんだ。あんなに痛かった左奥歯の痛みがすっかり消えている。

僕は直感した。マリア様は、愚かな僕をまた救ってくださったのだ。

十年前、信者でもないこの僕が大腸癌で死にゆく恐怖と極度の痛みから逃げたい一心で、必死ですがったときにもマリア様は救ってくださった。それをいいことに、「喉元過ぎれば熱さ忘れる」の成句どおり、その後時間が経つにつれて再び暴飲暴食が目立つようになる。その結果、二年ほど前から再び内臓に痛みを感じるようになり、今回の旅行から帰ったらすぐに十年前に緊急手術をしてくれた医師に診てもらおうと観念していた。

そんな、情けないこの僕を、このときマリア様は再び救ってくださったのだ！

一瞬で、それがわかった。

身にしみて、わかった。

こんな愚か者の僕であっても、マリア様は再び救ってくださるということが！

さすがに、性根が入った。聖母マリアの御心に触れた僕は、その場で誓った。迫先生が喜んでくださっている旅行の間は少しは飲むとしても、もう以前のような大酒飲みはやめよう。連日連夜の、あのような無駄な酒は控えよう。もっときちんと生きよう。こんな愚かな僕に、マリア様はもう一度チャンスをくださったのだから……。

僕の中に、悔悛の情が溢れ、それはやがて大きな感謝となった。

日本に帰ってこの話をシスターたちにしたら、

「それはよかったですね、天使様の祝福の行列があったということは、聖母マリアのお恵みを授かったはずですから」

と言われた。

やっぱり、そうなんだ。

パリへ

巡礼旅行五日目の朝、僕らはルルドの近くのタルブという町の空港から、パリのオルリー空港へ飛んだ。小型のバスでホテルを出発し、一時間ほどで到着したタルブの空港は閑散としていた。八人の巡礼団を率いて空港ターミナルビルに入り、さてどこに行けば搭乗手続きができるのかとキョロキョロあたりを見回したとき、少し先にあったカウンターの中から手を振っているフランス人の年配の女性に気づく。

目が合うと、こっちにおいでという雰囲気に手を動かしてくれるところを見ると、あれがパリ行きの飛行機の搭乗手続きをしてくれる人に違いない。そう思った僕は、他のみんなに声をかけてついてくるように促しながらカウンターを目指した。

手招きしてくれた女性に挨拶しながら八人の名前を告げ、搭乗手続きをお願いする。しかし、その女性はコンピューターの端末を操作する前に、僕に向かってフランス語で聞いてくる。

「私たちはとても心を痛めてきましたが、もう大丈夫なのですか。何か助けはいらないのですか？」

一瞬、何のことかわからなかったのだが、親身になって心配してくれているその年配の女性の顔を見た次の瞬間には、すべてを理解することができた。そう、フクシマの放射能被害を受けた日本人のことを気にかけてくれていたのだ！

遠く離れたフランスのこんな片田舎の空港で働いているフランス人女性が、明らかにルルドへの巡礼に来ていたとおぼしき日本からの旅行者を前に、まっさきにフクシマの原発事故のことを心配してくれる……。あー、この世界の人々は、ほんとうにつながっているんだ。心からそう思えたとき、僕はここでもまた世界が変貌していたのだと確信した。

パリのオルリー空港には僕らのための迎えが二人待っていて、凱旋門から延びるシャンゼリゼ大通りから脇へちょっと入ったところにあるホテルへと向かった。ホテルには加藤一夫さんの奥さんと娘のモニカさんが待ち構えていて、不慣れなみんなのチェックインのお世話をしてくれる。二十歳前のモニカさんは、見かけは日本人だがフランス生まれのフランス育ち。言葉もしぐさも、フランス人そのもの。おかげで、みんなスムーズにチェックインできた。

その日、加藤さん一家はノルマンディー地方へバカンスに行くことになっていたのに、直前にわざわざ来てくれてチェックインの手伝いなど何かとお世話をしてくれる。田舎町のルルドから大都会のパリに着いたばかりの不案内なところでこうした配慮をいただき、みんなはほっとして元気づいた。

そういえば、加藤さんの娘のモニカさんにはその後の興味深い話がある。十六歳くらいでパリで大学に入る前の頃、岡山のお父さんのところに二度やってきて、道場での稽古にも顔を見せてくれた。

つい先頃のこと、加藤さんが岡山市内の自分のアパートで、明け方、心臓がおかしくなった。急に心臓がバクバクして、これは危ないと救急車を呼んだ。

救急車が来るまで五分くらいかかる。その間、心臓の筋肉が痙攣して勝手に動き、これはほんとうに死ぬかもしれないと思えた。救急車を待つ五分間がとても長く感じ、急に不安になった加藤さんは娘さんの名前を叫んだ。

モニカ……！

やっと救急車が来て、岡山の循環器専門の病院に入った。当直の医師が手際よく筋肉の痙攣止めの注射をして、かろうじて落ち着く。そのあとで受けた精密検査でも緊急手術の必要はないとのこと。しばらく様子を見てから手術をすることになるかもしれないが今のところは落ち着いているからと、当面の薬をもらって病院を出ようとした。

するとそのときパリにいる娘のモニカさんから加藤さんの携帯電話に国際電話がかかってきた。

こんなことはめったにない。奥さんがときどき用事でかけるくらいで、娘のモニカさんからの電話はまずなかった。そこで、電話口でどうしたんだと聞くと、娘さんは、

「さっき、お父さんに呼ばれた気がしたからかけてみた」

と言う。この話を僕は加藤さんからつい最近になって聞いて、あー、ほんとうにこの世界ではこういう不思議なことが起きやすくなっているんだなと思った。


話を三月末に戻そう。パリのホテルに全員が無事に着いたから、「これで今日はゆっくり休みましょう」と僕が言ったのに、迫先生は、「何言ってるの、まだお昼でしょ。午後にもすぐにパリを見なきゃ」。いやはや、ほんとうに元気なお婆ちゃんだ。ルルドからずっとお元気なまま。

ルルドの四日間の食事はタイ料理屋に入った一食を除いて昼も夜もすべて洋風だったので、迫先生以外の方々はそろそろ辟易《へきえき》して、食欲が落ちている。先生ばかりがおいしいおいしいと、他人のものまで「あら、これおいしそうね」といただいていた。ワインも飲み、食事も

残さなかった。「先生、大丈夫ですか」と尋ねても、「ルルドのお水を飲んでいるんですから」と屈託がなかった。

凱旋門で

ルルドのホテルで朝食を食べ、機内食も食べ、昼過ぎにパリに着いて、ホテルにチェックイン。普通ならランチはパスなのに、迫先生は「さあ、お昼をいただきましょう」と食欲旺盛。ホテル近くのカフェで軽いランチをとることにした。店の人に今日のお薦めを聞いて、各自前菜のナスのチーズ焼き一品だけをワインといただいた。さあ、これでホテルに帰って休みましょうと提案すると、迫先生は、もう少しあたりを観光しましょうとおっしゃる。

僕は、やめましょうと提案した。シャンゼリゼや凱旋門の周りはスリやかっぱらいや怪しげな物売りなど、やたら悪いのが多い。迫先生だけなら何とかなるが、七人の集団全員をワルから守る自信がないし、目が行き届かない。そう言って、僕はしつこく抵抗した。すると誰かが「二班に分かれましょう！」と、折衷案を提案する。そういえば旅慣れている上にフルコンタクト空手をやっていた男性と昔パリに留学していた女性がいるし、ふたつの班に分かれて数人ずつの小グループになればそれぞれ目も届く。僕の班は凱旋門へ、空手家とフランス留学経験者の班はホテル近辺の散策となった。僕のグループは姪と姪の母親、つまり僕の義理の姉の三人組。凱旋門まで歩いていった。

凱旋門のあたりには大道芸人やジプシーの物売りなどが多く、昔からろくな思い出がない。今回もほんとうはいやだった。ルルドは何の心配もいらない静かな田舎町だが、ここはパリでもいちばんの行きたくない場所だった。自然と気が張ってしまう。

でも、以前とは何かが違う。なんか、気分がいい。昔の凱旋門とは、全然違う。あの殺気立ったパリの喧騒がない。北アフリカのチュニジアにフランスが介入して、逆にフランスでテロを起こされていたから警備もすごく厳しくなってもっと悲惨だろうと思っていたのに、なぜかとてもいい雰囲気だ。

凱旋門のそばでは、昔から自転車に人力車みたいなものを付けてお金を取って街を案内する兄ちゃんたちがたむろしていたのだが、いたいた、今回もいた。その中のいい顔つきをした青年と、ふと目が合った。僕はなぜか彼のところにスッと寄っていき、料金や何人乗れるのかなどといったことを尋ねる。すると、ヨーロッパ人やアメリカ人なら二人までだが、日本人なら三人まで大丈夫だという。エッフェル塔まで行き、またここに戻ってくる交渉が成立した。

髪の長い青年は人力車を自転車で漕いで、車の往来の激しい凱旋門の周りを堂々と走る。車の誰も、警笛を鳴らさない。青年は、徐行してくれた車に向かって手を振り、メルシー、メルシーと声をかけながら、エッフェル塔まで飛ばす。エッフェル塔に着くと、「おれはここで待っているよ。行って写真を撮ってきなよ」と言う。写真を撮り終えて、再び人力車に乗り込んでさっき来た道を逆走する。こうして、また凱旋門へと戻ってきた。

礼を言ってお金を払い、一緒に記念撮影をしていると、中年のアメリカ人女性がその人力車に乗りたいと言う。すぐ客がつくなんて、この青年には次元転移をしなくても活人術が働いているようだ。あるいは、この凱旋門の周囲の場が特別なものになっていたのか……。

僕も姪っ子も、ルクソールのホテルで踊りの力に気がついて以来、道路を歩くときにもダンス感覚で歩いている。道で人を避けるにも後ろを振り向くにも、クルッと踊るようにステップを踏む癖がついていた。日常の行動すべてをダンス感覚でやるといいという思いが入って、ルルドでもパリでも僕らはずっとそうしていた。凱旋門を歩くときにも頭の中でシャンソンが鳴っていて、それに合わせるように踊っていた。そんな活人術の感覚があの兄ちゃんにもアメリカ女性にも伝わって、みんないい感じで、踊るような軽いステップだ。

僕らはホテルへ向かって、ぶらぶらと歩きだす。後ろを見ると、凱旋門がなぜか大きく見える。ここで写真を撮ろうと、母と娘の二人をベンチに座らせて凱旋門をバックに入れてシャッターを押した。すると、五十代とおぼしき白人カップルが、明らかなイギリス英語でこっちのシャッターも押してくれないかと声をかけてくる。

すぐにカメラを受け取って凱旋門をバックにしたツーショットを撮ってやると、ありがとうと言いながら今度は君たちを撮ってあげるよと、エールの交換となった。しばらくその英国人の夫婦と話をしていたら、その日は奥さんの誕生日だということがわかった。すると、僕ら三人の口から突然ハッピーバースデイの歌が飛び出した。奥さんはもちろん、ご主人もとても喜んでくれた。ロンドンに住んでいる夫婦が、奥さんの誕生日にやってきたパリの凱旋門で、東京からやってきた日本人にハッピーバースデイを歌ってもらい、みんな心優しくなって盛り上がっている。

そう。踊れば、その場はこんなふうになるんだと、僕は素直に納得していた。ディズニーアニメのシンデレラが踊りだすと、周りに星がキラキラ輝きだす。まさに、そんな光景が広がっていく……。

彼らと別れ、ホテルまでの下りの道を歩きながら、心は踊っている。両手を伸ばし、「オーシャンゼリーゼ」と歌いながら、踊るようなステップでホテルへと向かった。すると、猥雑を極めたあのシャンゼリゼ大通りに、へンな物売りやスリがいない。ほんとうはいたのかもしれないが、少なくとも僕らの目には入らない。

みんないい人だねという感じで、ホテルに戻った。戻りながら、ふと夕食のことが頭をよぎる。みんなそろそろ日本食が食べたいのではないかなと。ちょうど道すがらホテルの近くにパリっ子がにぎる回転寿司屋を見つけたので、ふたたび八人グループへと合流してから寿司らしき晩ご飯となった。日本とは違う雰囲気だが、それもまた一興。

ベルナデッタ

次の日、マイクロバスで三時間、パリの東南東の方向にあるヌヴェールという田舎町へ向かう。修道院がひとつあるだけの小さな町。

ルルドの洞穴でマリア様に出会った少女ベルナデッタは長じてカトリックの修道女・シスターとなり、ここヌヴェールの修道院へ赴《おもむ》き、そこで三十五歳の短い生涯を終えた。その後遺体が腐らずに当時の美しいままの姿で安置されている。今回の巡礼旅行はルルドのマリア様に焦点を合わせていたが、迫登茂子先生がシスター・ベルナデッタに会いたいということでこの地も予定されていた。

ヌヴェールの修道院にはちょうどお昼過ぎに到着し、修道院の食堂で昼食をいただくことになったのだが、ルルドでマリア様が再び癒《いや》してくださった僕の体調はすこぶる良好。修道院の畑で取れたブドウのロゼワインで乾杯し、出された牛肉の煮込み料理をおいしくいただくことができた。今後はこのように意味深い食事のときにだけワインを飲むことにしておこうと、一昨夜のルルドでの誓いを新たにする。

全員が心ゆくまで修道院の温かい食事を堪能したあと、そろって修道院の中の荘厳な教会へ入ってみると、シスター・ベルナデッタのご遺体は、祭壇の右に置かれたガラス棺の中に無造作に安置されて、まるで眠っているようだ。そっと見ると、迫先生は涙を流しながらベルナデッタと対面していた。僕もベルナデッタのお顔を間近に見た。とても美しかった。

ラブレーの不思議のメダイ教会

途中、渋滞に巻き込まれたパリへ戻る四時間のバス旅は、睡魔との闘いだった。みんな疲れているし、時差ボケの上に睡眠不足だからよく寝込んでいる。でも、迫先生だけはいちばん前の座席で、流れていく車窓の景色を見ながらときどき涙ぐんでいる。「なぜ涙が出るのかしら……」とつぶやきながら、ずっと起きている。僕は先生の横の席だから、なんとかして眠らないようにしなければと、一生懸命目をこすっていた。

翌日曜日は朝からマイクロバスをチャーターして、唯一のパリ観光旅行の予定だった。旅の最後だから、エッフェル塔やルーブル美術館を巡るはずだったけれど、予定を変えてマリア様一筋でいくことになった。どうせ行くならマリア様関係の教会や寺院に行きましょうという迫先生の鶴のひと声があったからかもしれない。ノートルダムと名前がつく教会はすべて聖母マリアを祀《まつ》っているので、パリ市内のそういうところを訪ね歩くことに決まった。

最初に行ったのが、ラブレー地区にある「不思議のメダイ教会」だった。この教会にも、じつは腐らないご遺体がある。今では聖カタリナと呼ばれるシスター・カタリナだ。

彼女が生きていた頃、パリではコレラが大流行して何万人も死んだ。そのとき、マリア様がシスター・カタリナの前に出現して、

「メダイ（メダル）を作ってみなさんに配りなさい、そうすれば神様のお恵みをいただけます」

と告げた。彼女は急いでメダイを作ってみんなに配ると、コレラがようやく治まった。メダイを身に着けた人々が数々の奇跡を受けたので、「奇跡のメダイ」と呼ばれるようになった。

シスター・カタリナはかなりお婆ちゃんになってから亡くなられた。カタリナの遺体は死後何十年か経って掘り起こされたが、やはりまったく腐敗しておらず、そのままこのラブレー教会に祀られている。

前日に若い三十五歳のベルナデッタのご遺体を見ていたので、顰蹙《ひんしゅく》を買うだろうけど、やっぱり若いシスターのご遺体のほうがきれいだと思った。腐らないのは奇跡だけれども、亡くなったときにすでにお婆ちゃんだったシスターが若返るわけではない。順番が逆だったらよかったと、僕は心の中で罰当たりなことをつぶやく。聖カタリナのご遺体も無造作に教

会の中の、祭壇の左側に置かれてある。

こうしたカトリックの聖人の腐らないご遺体は、フランスにはシスターが二体、アルゼンチンには神父様のそれが一体ある。じつは東京にも神父様のご遺体が一体あると聞いていた。東京・調布市のサレジオ教会に安置されているチマッティ神父のご遺体だ。調布カトリック教会の神父さんだった方で、亡くなってからも腐らない。ところが日本の法律では死体は焼くと決められている。放置はできない。教会関係者が東大医学部の法医学教室の教授に相談すると、法医学教室の教授がまず検死をした。死んで一年半が経過しているのにこの状態はありえない。これは東大法医学教室の研究材料として置いておくという方便を使い、いまだに残っている。むろん一般の人は知らない特殊ケースだ。

日本のカトリック教団はこういう奇跡を嫌う。そんなことで信者を納得させるのは意味がないという立場をとっている。奇跡だとしても一切アナウンスしない。僕も大学のシスターやカトリックの伝道師に聞いて初めて知った。チマッティ神父様は、聖人のように他人のためにのみ生きてきたという。もし奇跡が起きるとしたら、やはり彼なのだろう。

その次に行った教会にはご遺体はなかったが、入ったとたん、「あ、ここは神様がいらっしゃる」とゾクゾクっときた。フランスの偉人たちを祀る霊廟というサンテディエーヌ・デュモン教会。ルルドの教会やベルナデッタのヌヴェールの修道院でも、さらには「不思議のメダイ教会」でも感じなかったのに、そこは入った瞬間、「ああ、いらっしゃる」と強く感じた。迫先生は神様のお言葉を取り次ぐ方、神意を感じたときに示すいつもの震えが始まった。先生の身体がわなわなと震え出し、どなたかと交感している。そばにいた姪っ子に聞くと、私もそう感じたと言った。

ノートルダム大聖堂での大天使ミカエルとの再会

次に行ったのが有名なノートルダム大聖堂。近くにマイクロバスを止めて、そこから歩いて行くと長蛇の列だった。大きなミサがあるらしく大勢の信者が聖堂から溢れでている。ガードマンが整理に出てあれこれ指示し、中に入りたい観光客は別のラインに並ばされる。信者も観光客も半端な数ではない。おまけにけっこう寒い。

みんなにとりあえずこのあたりにいてくださいと言って、僕は列のいちばん前に出て、「どのくらいの時間がかかるの」とガードマンに尋ねた。

「これからミサが始まり、一時間半はかかる。今日は特別の日だから、その間、観光客はシャットアウトだ」

という返事を受けて、「ほんとうに観光客はずっと入れてもらえないの?」と問い返すと、「ああ、誰も入れないし、とくにあんたはだめ!」と嫌みたっぷりに念を押されてしまった。

ノートルダム大聖堂の釣り鐘が百数十年ぶりに改修され、前日の土曜日にやっと完成した。この日は新しい鐘が完成して初めての日曜ミサだった。そのため、特別に二十五年に一回、一世紀に四回しかやらない珍しいミサをするので、一時間半ほどかかるらしい。観光客はミサが終わって信者さんたちが退場してから初めて中に入れてもらえるので、僕たちが大聖堂の中に入って見物できるまで都合三時間くらいかかるという。再度、この長い行列に並ばないと大聖堂に入れてもらえないのかと問いただすと、そうだという。

迫先生に状況を説明し、「これではとても無理だから今日は中を見るのを諦めてください。しかたないから、せめて大聖堂の正面に回って外から眺めましょう」とみんなを促し、観光客の行列には並ばずに正面のほうから大聖堂を見上げることにした。

しばらくそこで見ていると、人々を威圧し圧倒するほど巨大な正面扉の前に、白い服装の神父さんたちが集まってきて賛美歌を歌いはじめ、簡単なミサのようなことをやっている。大聖堂の中でもどうせこれを大々的にやるだけだからここで見たほうがいいとみんなに伝え、しばらくそれを眺めていた。

すると突然、大聖堂の中からパイプオルガンの音が響いてきて、正面のとてつもなく大きな扉が開いた。上までつながっている大きな扉がギギギーと開くと、大聖堂の中に所狭しと居並ぶ信者たちの姿も見える。正面扉の前で賛美歌を歌っていた神父さんは、じつはミサを執り行なう司祭たちだった。賛美歌は中に入るためのセレモニーの始まりだったのだ。

大きな正面扉が開いて、彼らは二列になって賛美歌を歌いながら厳《おごそ》かな雰囲気で中に入っていく。信者さんたちが周りを取りかこむかのように立ち尽くす中央の通路をゆっくりと、賛美歌を歌いながら彼らは静々と入っていく。

それを目の当たりにした僕は「すばらしい光景ですね」と言いながら、ずっと立っている迫先生がお疲れになるだろうと、先生の腕をしっかりと支えていた。

そのとき、なぜか迫先生が前に足を一歩踏み出し、歩き出した。

しかたないなと思って、僕もついていった。残りの六人もはぐれたらまずいというように、後ろを必死についてくる。ガードマンが厳しい目で見張っているのに、僕らはいつの間にか大聖堂の中に入ってしまった。他のフランス人たちも神父さんたちと一緒に賛美歌を歌いながら入っていく。たぶん彼らは地区の信者さんたちなのだろう。僕たちも同様に東洋から来た信者たちだと思ってくれたのかもしれない。咎《とが》める人は誰もいなかった。

結局、信者さんたちにまぎれて、その行列の背後にくっついて入ってしまった！

気がつくと、ノートルダム大聖堂の記念すべきミサの現場の真っただ中にいた。これはヤバいな、目立ってお咎めをくったらいけないと、ちょっと脇のほうに行った。

「先生、どうしましょう、ドアが閉まっちゃったから、出られません。しばらく我慢していてください」

と小声で先生に耳打ちすると、

「これはすばらしいので、私は最後までいたい」

と淡々としている。僕が、

「一時間半くらいかかるそうですよ」

と念を押してみても、

「いいの」

とおっしゃる。

僕はしかたなく先生の腕をずっと支えていた。後ろのみんなも「どうなっているんだ」とでも言いたげに、こちらを心配しているのがわかる。椅子は見当たらない。石の床の上に立ったまま。ホールは立錐《りっすい》の余地もないほどの信者たちでぎっしり。とにかく尋常ではない状況にいる。後ろにいたみんなが心配して、ときおり僕の耳元に「迫先生は大丈夫ですか」などという心配をぶつけてくる。そのたびに僕は迫先生に「大丈夫ですか」と聞くが、「私は大丈夫、最後までいます」という返事が続く。その間、ずっとミサが続く。

僕の前方二メートルくらいのところに、背の高い、二十代半ばの若くてかっこいい白人男性がいて、チラッと二度くらいなぜか僕らのほうを振り返る。三度目にまた振り返って、自分が持っていた冊子をひょいと僕に手渡した。なんだかよくわからないけれど一応、「メルシー（ありがとう）」と言って受け取った。しばらくボーっとしていると、彼はまたチラッと僕を見て、僕の持っている冊子を指差しながら「パージュヌフ、パージュヌフ（九ページ、九ページだよ）」とささやく。そこで冊子の九ページを開いてみると、そのとき祭壇で司祭たちが読み上げている内容が書かれていた。

よく見ると、ミサの式次第の内容がフランス語で印刷されていた。司祭を務める神父さんたちがフランス語で抑揚をつけて読み上げているから最初はなかなか聞き取れなかったのが、今度は冊子の原文が手元にあるので流れがよくわかる。要するに、聖書の一節だ。キリストの一生を語っている部分を抑揚をつけて読んでいる。

そのおかげで迫先生には、今キリストが磔になったところですよ、などとミサの流れを説明することができた。流れがわかれば、そう退屈もしない。ミサで行なわれている内容がわかると、先生も、うん、なるほどとうなずいて喜んでくださった。

一時間くらい経った。僕らのすぐ前の石造りの柱の土台の出っ張りに腰をかけていたフランス人のおじさんが、おや老人がいるとばかりに迫先生に気づいてくれて立ち上がった。お年寄りをここに座らせてやれと自分の座っていた土台の出っ張りを指さして譲ってくれようとしたとき、近くにいたおばさんが、でっかいお尻をそこに割り込ませて座ってしまった。

すると、おじさんが猛烈な勢いで怒った。教会の中、しかもミサのまっ最中、おばさんは渋々立ち上がり、でも急ににこやかになって迫先生に空いた場所を譲ってくれた。迫先生も「いいからいいから」というしぐさをするが、流れとしては座ったほうがいいのを察した僕が強く勧めたのを受けてくださった。

そのおじさんのおかげで、迫先生はミサの後半はずっと座ることができた。

ミサの終わり頃、日本ではあまりなじみがない光景だが、カトリックのミサでは互いに近くにいる人たちと握手をしたりハグをしたりする。迫先生はさっき席を譲ってくれたおじさんと握手を交わしている。僕も彼と握手して、おかげさまでと感謝を伝える。そばにいるみんなも互いに交歓している。そのとき、僕に式次第が印刷された冊子をくれたあの若者のことを思い出した。お礼を言って握手をしようと、彼のいたところを探した。ところが、いない。きょろきょろして探すと、僕の後方の二、三メートル先のところにいた。

人波を掻き分けて彼のところに行き、

「ありがとう。冊子をもらってずいぶん助かったよ」

と言って、僕は握手を求めた。さっきはあんなに親切に、わざわざ九ページだよと進行具合まで教えてくれたので、向こうも同じような笑顔で応えてくれると思った。ところが僕が手を差し出すと、若者は急に真剣な、厳かな顔になって、背の高い身体をさらに後ろに反り返らせて威厳をみなぎらせている。まるで俺はお前なんかと握手する筋合いはないという雰囲気だ。

なんだなんだ、なんでお前、そんなに偉ぶってんの、この若造が……と僕は思った。しかしいったん差し出した手をどうしたものやら、そのままでは格好がつかない。「こいつ、ほんとに何を考えているんだ」と慌てていると、彼の表情がますます厳かになって、王様や王妃様が謁見の場で臣下に手を差し伸べるような感じでゆっくりと上からの目線になって手を出しはじめた。でも、とにかく手を出してくれたのだからまあいいやと思って、彼の手を握った。そして、彼の手に触れた瞬間、「あ、これは！」とピンときた。

そう、彼は、大天使ミカエルだった！

十年前、ルルドの洞穴に行く前、レストランの隣の席にいて「クラージュ（勇気を出せ）」と言ってくれた、あの大天使ミカエルだとわかった。あのときはギリシャ彫刻のような美しくたくましい男性の姿だった。今回は、この背の高い理知的でハンサムな青年の姿を借りてやってきたのだと直感した。手が触れた瞬間、その口から出た言葉は「ビヤンヴニュ、ビヤンフェ（よくここまでやってきました）」だった。え、え、え？　僕の頭の中の脳細胞が対応しきれずにクラクラしている。気を取り直して、ようやく僕は、「さきほどはありがとう、助かりました」と返した。

でも、どういうことだろう、普通なら「ジュヴーザンプリ（どういたしまして）」くらいが当たり前なのに、いきなり「ビヤンヴニュ、ビヤンフェ」ときた。小声だが、とても偉そうだった。それも単なる「よくここに来たね」ではなく、「この十年間、それだけいろいろなことがあって、でもよくここまでやってきたね。また次も頑張ろう」という言外の意味が感じられた。

これはなんだろう。「ビヤンヴニュ、ビヤンフェ」とは、いったいどういうことだ、と僕は呆然としていた。でもしばらくして、大天使ミカエルがさらにもう十年を約束してくれたのかと思って、胸が熱くなった。

いただいた十年の命

ほんとうのことをいうと、僕は今年くらいが危ないと思っていた。ルルドに行く前から肝臓のあたりがズキズキ痛んで調子も悪く、これで終わりかな、そろそろかなと内心感じていた。その昔、算命学で占った寿命のことをしきりに思い出してもいた。

算命学の大家、高尾義政さんが書いた全十一巻の『原典算命学大系』という大部の書物が国会図書館にあった。生まれた日付と時間から計算して出てきた数字が、その人の生きざまのすべてを物語るというのが算命学。だから高尾さんが残した図に自分の情報を一個一個合わせていけば、そこに答が出るという仕組み。したがってプロとかアマは関係ない。素人がやっても、ドンピシャリ。だからある意味、とても恐い。

ある人に算命学で鑑定してもらうと、僕自身についてのことが全部当たっているので、僕は最後に「自分の寿命を知りたい」と頼んだ。癌になる二十年くらい前のことだ。

「算命学ではいつ死ぬかもわかるそうですね、教えてください」

と。知らないほうがいいと最初は断られたが、僕は執拗に食い下がった。そこまで言うなら教えるけれど、「ほんとうは絶対に聞かないほうがいいよ、あんたが思っているほど遠い先じゃないよ」と言われてしまった。それでも僕は知りたかった。たとえ二年先、五年先と言われようが僕は平気だ、性分としてこれははっきり知ったほうがいいと思っていた。

そうして、六十二歳と言われてしまった。

算命学の数字に、お前の寿命は六十二歳とはっきり出ていた。だから僕の寿命は六十二歳で終わりだということだ。

僕は「えっ?」と聞き返し、聞かなければよかったと思った。

今年、その六十二歳を迎える。だから、今年くらいで終わりかなというつもりだったのが、ルルドではなぜか二年越しの肝臓の痛みが消え、体調がすっかりよくなって、ついでに奥歯の痛みも消え、バリバリものが噛めるようになった。これはマリア様のおかげだとすぐにわかった。マリア様に助けていただいたのはこれが二度目だった。

最初に助けられた五十二歳の大腸癌のときには、岡山の総合病院で緊急手術を受け、その後の抗癌剤治療や放射線治療を受けるにあたって、治癒できる確率は五パーセントと聞いて僕は震え上がった。抗癌剤治療のつらさを耳にしていた僕は、いてもたってもいられずにルルドに飛んだのだった。あのときの悲壮な気持ちを思い出すと、僕は今でも打ちのめされる。でも恐る恐る訪ねたルルドは、僕にとって忘れ得ぬ場所となった。いくつかの奇跡のような現象を示してくれながら、マリア様は僕に十年の命をくださった。

そのおかげで僕はその後の十年間、理論物理学をそっと離れ、その昔、スペイン人の神父様から受け継いでいた「愛魂」と呼ばれる活人術をやり、伯家神道の「祝之神事」を授かり、ついにはイエス・キリストが用いていたかもしれない次元転移までも操れるようになったのだった。

それもこれも、すべてマリア様のおかげだった。

今回、聖母マリアの本拠地ノートルダム大聖堂に行くと、十年前のあの大天使ミカエルがもっと若くて理知的で精悍なフランス人に身を変えて出現してくれた。その上で、「よくこまでやってきた、もう十年頑張ろう、また会おう」と言外に言ってくれた。ひょっとして今回もまた、もう十年の命をもらえたのかと、僕は受け取った。

嬉しさのダブルパンチだった。

時代は新しい次元世界に入ったと感じたのは、去年の暮れだった。それを証明するようないくつもの出来事があった。その三カ月後、迫登茂子先生をご案内してルルド、ヌヴェール、パリへとやってきたら、こんなありがたいことが起きた。マリア様は二度にもわたってこんな放蕩息子を癒してくれ、直後に大天使ミカエルまでが現われて、「この十年間、これだけいろいろなことがあって、でもよくここまでやってきたね。次も頑張ろう」と言われた。

あと十年、お前に猶予を与えようというお印だと、僕は思った。

ギザの大ピラミッドの王の間でハトホルの秘儀に参入することで次元転移ができるようになったつい数カ月前には、何でもできると息巻いていた自分が、こうして叩頭《こうとう》し、平伏し、深く反省していた。もう十年余分にもらえたのだから、これまでのように受け身だけではダメだ。自分から何かをつかんでいこう。自分から動いていこう。そういうふうに自分を変えなければいけない。

まず、ムダ酒は飲むまい。自分の役割をちゃんと見定めよう。ちゃんとした暮らしをしよう。死にかけていく身でありながら、「よくここまでやった、次も頑張ろう」と神様に言われたら、もうちゃんとやるしかない。

ミサが終わって、みんなが「よかったね」と言ってマイクロバスに乗り込み、午後はホテルに戻って休憩した。旅行最後の日だから、お土産を買いにデパートに行く人もいた。

その日の夜、旅の最後の晩餐になって、迫先生に対して一人ひと言、今回の旅行についてのお礼と感想を述べようということになった。最後、僕の順番になって、僕はうまく感想や謝意などを面と向かって言えるタイプではないので、ちょうどこの話がいいと思った。

「ノートルダム大聖堂に入って、僕の右前方に長身の若いフランス人がいた。あとで気がつくと、じつはその人が十年前にルルドのレストランで『勇気を出せ』と言ってくれた大天使ミカエルでした。今回はそのミカエルが『よくやった、次もがんばろう』と言ってくれたんですよ」

と、その経緯を報告した。

迫先生は「すばらしい、それはよかったわね」とおっしゃってとても喜んでくださったが、ずっと迫先生に同行していたお供の三人の女性が「えーっ、やっぱり……！」と言い出した。

ノートルダム大聖堂では、もちろん彼女たちも僕と迫先生の後についてきて、気がついたらミサの会場にいた。迫先生のことが心配だったが、見ると先生は大丈夫そうだし、最初はわけがわからずキョロキョロしていた。そのうち僕の前方にいる長身の若いフランス人男性に三人の注目が集まった。「あの彼はすてき、かっこいい」とマークしていたらしい。

あたりを見渡せば、背の高い若いフランス人なんて会場にはいっぱいいる。でも、三人がとりわけすばらしいと惹きつけられた人物が彼だった。その彼が後ろを振り向いてこの僕に何かを差し出し、僕がそれを受け取った現場も見ている。三人とも「あのかっこいい青年から何か受け取ったようだけど、なんで私たちにはないの」と羨ましいと思っていた。そうこうしているとたびたび彼が僕のほうを振り向いて声をかけているから、気になっていた。おまけに、ミサの最後には僕が彼のところに行って握手をしていた。なんだろうあの二人はと、ほんとうに羨ましいと思って一部始終を観察していたという。

そんな事情があって、彼が大天使ミカエルだったという告白に、「やっぱり只者じゃなかったんだ」と三人はうなずいた。自分たちがこれだけ惹きつけられるんだから、やっぱり他の男性とは違うと。

そんなこんなで、最後の晩餐は盛り上がった。僕は、「これが最後の晩餐です、これを飲んだらもうムダ酒は飲まないことにしました」と決心を告げると、酒好きで醸造メーカーの社長さんをなさっている男性が「されど酒は百薬の長なり、神々もこれを愛す」と返し、場はまさに最後の晩餐らしくなった。

あの余韻は今でもずっと続いている。

十年前ルルドの洞穴でマリア様に治してもらい、また今度も治していただいた。十年前のレストランに現われた大天使ミカエルは、再びノートルダム大聖堂でも現われてくれた。それまで気がつかなかったけれど、ルルドの町にはミカエル門とかミカエル橋という名前がついていて、大天使ミカエルが現われたのは当然だとやっと気がついた。あの悪魔もやっぱり邪魔しにきていたけれど、結局、最後の真夜中になって洞穴のところで、僕の頭が膝に着くぐらいまで身体がふたつに折れ曲がり、ドバーッと涙が出てわんわん泣いた。あれで救われたと僕は思った。僕のそばを無言で通り過ぎた少年少女のロウソク行列は、マリア様のお恵みをいただいた天使様の祝福のお印だという。

ルルドではすべてがうまい具合にいった。その後も、ヌヴェールに行ってベルナデッタの遺体に対面し、パリの不思議のメダイ教会では聖カタリナの遺体を拝み、最後に大聖堂に行って大天使ミカエルが「よくここまでやってきた」と言ってくれた。ルルド巡礼の旅は、とてもうまくいった。みんな迫先生のおかげだった。なによりノートルダム大聖堂の正面で、迫先生がまるで神様に突き動かされるように一歩前に足を踏み出さなかったら、僕らはあの場にいなかったのだから。

《第三章》

時代は動く

パリからローザンヌへ

迫登茂子先生一行と別れ、僕は姪っ子とパリに残った。

昔の弟子の冶部眞里さんという女性が二〇一三年四月からパリへ赴任することになって、一週間パリで部屋探しなどを手伝うことになっていたからだ。彼女は多彩な才能の持ち主で、僕の大学の文学部英語英文学科を出たあとで医学博士を取り、ずっとうちの大学で僕の弟子筋の仕事をしていた。大学の助教授になったときに文部科学省が彼女に目をつけて引き抜き、ずっとそれ以来、国の科学技術政策機関の中枢で頑張っている。彼女が発想したことが科学技術の研究対象になるだけでなく、逆に他の科学者たちの研究成果の客観的評価をも可能にするようなとびぬけた才能があった。

一九九九年に脳機能研究の国際会議を日本で開催しなければならなくなったときに、東京・青山にある国連大学で行なわれることになったのも冶部さんの手腕だった。冶部さんが裏方を一手に引き受けてくれたおかげで、すべてがうまくいった。イギリスの国際文化交流機関の人たちが、イギリスのノーベル賞学者や高名な科学者を連れてきたことで会議の中味は豊かになり、その渉外を全部引き受けたのが冶部さんだった。その機関から来た優秀なイギリス人女性が冶部さんの働きを見て、「あなたとはいつか一緒に仕事をする気がする」と言い残して帰っていった。

それ以来、彼女もなんとなく自分でもそう感じていたようで、この四月からパリに本部のある国連機関に派遣されることになった。それが決まったのが二〇一三年の二月。国連機関は日本と違い、私的な状況には一切介入しない。住むところは自分で決めなければいけない。費用を出すだけで、あとは自分でやる。彼女はフランスには仕事で何度も行っているけれど、現地での生活は初めてで、まずはアパート探しから生活をスタートさせなければならない。そんな事情があったので、迫先生とのツアーのあとは、フランス語が錆びついていない僕が彼女のアパート探しの手伝いをする手筈になっていた。

迫先生は治部さんをご存じないだろうと勝手に僕が思っていたら、なんと治部さんは迫先生と面識があることがわかった。青山の国連大学で行なった国際会議の資金集めで飛び回ったときに、紹介者がいて、治部さんは東京小金井市の迫先生のご自宅で毎月開催されていた「十一日会」に行き、迫先生にご挨拶してその国際会議のアナウンスをしたことがあるという。その結果、「十一日会」の会員何人かが興味を持って会議に参加したというご縁があった。

僕は治部さんに「三月二十五日にはみなさんは日本に帰るけど、僕はもう一週間滞在を延ばすから、アパートを見つけて住めるようにしてやるよ」と胸を叩いていた。そういうわけで愛弟子のためにパリに一週間残ることになった。昔の弟子とはいえ年頃の女性とパリに一週間二人きりというのはちょっとまずいので、母親と一緒にきていた姪っ子にその理由を言って、姪っ子にも滞在をもう一週間延ばしてもらった。三人なら人目を気にする必要もないだろう。

ところがルルド滞在中に泊まっていたホテルに日本からファックスが届いて、冶部さんから急いで電話がほしいという。連絡をすると、予定どおりパリに行けないという。日本の文科省や外務省と国連機関の間で話は済んでいたが、蚊帳の外に置かれたフランス政府が急に難癖をつけ、ビザを取る段になってすぐには許可が出せないと言ってきたらしい。たまたま国連機関がパリ市内にあるだけだからフランス政府に事前に連絡する必要はないということで進んできたのが、フランス大使館が意地悪をしてきたというわけだ。どの国のお役人もメンツをつぶされるとゴネるということかもしれない。

すったもんだの末に四月二日に東京のフランス大使館に出頭しろということで、結局、彼女のパリ到着が四月半ばになった。そんなわけで、すべて任せるから先に住むところだけ見つけておいてほしいというのが冶部さんからの依頼。こうして、やむなく姪っ子とまるまる一週間余分にパリにいることになった。今回のルルド巡礼旅行を斡旋してくれた加藤さんの奥さんに、日本人が安全に暮らせて国連機関本部に歩いて通える小ぎれいなアパートを探してほしいと頼んだ。ちょうどいい物件があって、エッフェル塔のすぐ横で、パリにはふたつしかない高層マンションのひとつで、十八階にあるアパートが見つかった。エッフェル塔とほぼ目線が同じ。家賃も住宅手当の範囲内だったから文句なし。家具つきだし、あと要るものは彼女の身ひとつ。

無事、一件落着した。

ムッターホルンの頂上でワインを飲む

パリは黒人もアラブ系も多くてざわざわしている。穏やかそうだが、どこかにストレスが潜んでいる。昔よりはよくなったとはいえ、たえず一種の緊張感がある。迫登茂子先生たちといるときに比べて、姪っ子はあまり居心地がよくなさそうだし、僕もそうだ。もう用件は終わったのだから、このままパリにいる必要もない。それよりも田舎に行ったほうがよいと思って、どうせ行くなら昔住んでいてまだ友達もいっぱいいるスイスに行くことにした。だいいち安全だし、フランスの新幹線ＴＧＶに乗れば三時間半でレマン湖のほとりの小さな町ローザンヌに着く。

というわけで、姪っ子を連れてスイスに向かった。急に行くことになったのでホテルの手配をスイスの友人に頼んだのだが、駅から歩いて行けるホテルはなかなか良いところだった。

姪っ子も急に生き返ったように元気になった。フランス滞在中は、ルルド、パリ、ヌヴェールとずっと天気がよかったが、ローザンヌに来てからはずっと曇りで、ときどき雨や雪が降る。アルプスも見えない。観光には最悪だが、パリとは空気がまったく違う。

食べ物も勝手知ったスイスだから間違いのないものを選べるので姪っ子も喜んでくれ、ストレスから解放されようやく元気になってきた。そんなわけで姪っ子に一度くらいはアルプスを見せたかった。ちょっとでも晴れたらレンタカーか鉄道でアルプスの見えるところまで登ろうと、毎日天気予報を見て計画するのだが、残念なことに連日の雨。

ローザンヌ滞在三日目の朝食のとき、曇って対岸も見えないレマン湖を眺めながらぼやいていると、スイス人の友人から電話があった。アルプスへ行くには今日しかない、急ぎ支度を整えろという。彼の会社に届く天気予報は一般向けよりも早く詳しい。今日の正午から二時間程度だけなら上空の天気は晴れていて、ここ数週間の悪天候の中で唯一のチャンスだそうだ。ありったけの防寒をして、サングラスも忘れずに支度してロビーで待っていろとのこと。窓から外を見ても上空はどんより曇って小雨も降っているのに、サングラスを持ってこい？

変だなと思いながらロビーで待っていると、すぐに友人が駆けつけてきて彼の車でローザンヌ郊外の小さな飛行場へ行く。え、なぜ飛行場に……と聞くと、友人は気軽に言う。

「低空はどんよりとした曇りでも上空は晴れている、だから飛ぶしかないだろう」

四人乗りの小型ヘリコプター。姪っ子はパイロットの横、後ろに僕と友人が乗り込む。

雲の下ははっきり見えるが、レマン湖上空に出ても曇っていて上空視界は悪い。おまけにレーダーはない。どうなるのかと心配していたがパイロットは鼻歌まじりで、そこからグイッと上空に角度を上げた。加速してどんどん上昇していくと、雲間からズボンと音がするように飛び抜ける。

抜けた瞬間、宮崎駿のアニメのように、青空がバーンと目の前に広がり、アルプスがくっきりと目の前にそびえていた。その途端、パイロットは「ヤッホー！」と大声を発し、「これはすごい！」と機内は歓声に包まれる。

パイロットは、まずはモンブランに行こうという。次はマッターホルン。レマン湖の東側あたりから下も上も晴れ上がり、一気に視界が広がった。モンブラン、マッターホルンを一周して、次はユングフラウに向かった。スイスアルプスのほぼすべてを上空から眺める。

うーん、みんなさすがにいい気分。

パイロットは休憩しようと言って、アイガーの手前から延びているアレッチ氷河の上に降りようとする。普通なら氷河の上に降りるのは危険だが、前日、かなりの雪が降って積もっているから大丈夫だという。ところが、実際に降下してみるとサラサラのパウダースノーだから、ヘリが降りると、ローターがつくる下降気流で粉雪が巻き上がって視界がなくなる。これでは安全確認ができないので、着氷は無理かもしれない。

何度かトライしたあとで、パイロットは上へ上へと上がっていく。諦めたのかと思ったが、そうではなく、平らな氷河の上は粉雪が巻き上がるが、山のてっぺんならヘリがつくる下降気流は山肌に沿って下に流れていくから大丈夫だという。結局、ムッターホルン（マッターホルンではない）という三千メートル級の山のてっぺんの新雪の上に降りた。

あたりはすばらしい世界。晴れ上がった空の色は、青なんてものではない。深く濃い青。それに、銀色に輝く純白の雪。おまけに完全な無風だし、ヘリコプターのジェットエンジンを切ってからは、正真正銘の無音の世界。僕らが雪を踏む「ザクッ」という音しかしない。零下何十度の世界だが、日が当たっているから寒さは感じない。

パイロットはヘリの胴体を開けて、ワインをとり出した。みんなで乾杯しようというわけだ！

グラスも、つまみの乾燥肉まである。パイロットは、おれは操縦中だからとオレンジジュース、僕らにはワインをついでくれた。姪っ子も感動して満面の笑みになった。目の前のアルプスの美しさを言うのに、言葉はいらない。

ローザンヌ郊外の飛行場に戻ったら、また曇っていた。天気がよくても、車や列車で行ったら一カ所しか行けなかっただろうに、この悪天候の中、それもアルプスの主要な頂すべてを間近に見て、おまけにムッターホルンの頂上でワインまで飲んだ。いい旅だった。

自分の意志で扉を開けよ――シュタイナー本部で

次の日も雨だった。友人は勤務があるから、連続しては休めない。君たちは電車を乗り継いでスイスの中をうまく適当に歩けと友人が言う。雨が降っていたら建物の中に長時間いるのがよいから、そんなときはバーゼルの街がよいと薦めてくれた。美術館や博物館が多く、そこにしかないすばらしい絵や中世の芸術品、王宮の調度品などが多数展示されているとか。雨が降っていたのでバーゼルまで電車で向かおうとしたが、その近くに思想家ルドルフ・シュタイナーの本部があることを思い出した。地図を眺めながらドルナッハという小さな町だったということを確認して、姪っ子もそこに行きたいと言ったので、バーゼルの中央駅から路面電車に乗り込んだ。

途中、スイス人のお爺ちゃんが、「こっちへおいで」と呼んで最後部の展望席に僕たちを座らせてくれた。お爺ちゃんは、「フクシマは大丈夫か?」と聞く。「おかげさまで徐々に復興しています」と答えると、「よかったなあ。でもひどくなるようならスイスに逃げておいでよ」と微笑む。いい人だなあと思って、「ドルナッハにあるシュタイナーの本部はご存じですか」と尋ねると、「誰それ？」と怪訝な顔になった。「アントロポゾフィー（人智学）の創始者、思想家、哲学者にして教育者ですが……」と説明しても、知らないと言う。

駅で聞けと言われ、着いた駅舎の窓口にいた若い女性に聞いても「何ですか、それ？」というご返事。地元では知られていないのかと思って、偉大な思想家で哲学者で教育もやっている人だとまた同じ説明を繰り返すと、やっとわかって、笑いながら「ああ、スタイナーね」とうなずく。それなら二分後に出る六十番のバスに乗って、どこそこで降りろと教えてくれた。降車場所の名前が聞き取れなかったので、再度聞こうとしたら「もうバスが出るから」と急かされる。

ありがとうと言い置いて、動きはじめていたバスにフランス語で「待ってくれ」と叫びながら乗り込んだ。ここはドイツ語圏だけれど、ドイツ語はあまり得意ではないからフランス語で通すしかない。運転手さんにちゃんとした発音でスタイナーと言って聞いても、案の定わからない。「思想家だと説明してもこれじゃわからないな」と勝手に判断し、以前写真で見たシュタイナー本部の建物が妙な形だったのを思い出して、手振りを交え「ヘンなかっこうの建物」と言うと、やっとわかってもらえた。

雨に煙るシュタイナー本部。

正面玄関の鉄製の大きな扉がメチャクチャ重い。これは閉館中かなと一瞬思ったほどの重さ。ありったけの力で開けて、やっと入った。ところが内側の木製扉のドアノブも、まったく回らず扉が開かない。しかたがないので、ドアノブをあれこれとひねってみる。普通とは反対に回すと、やっと扉が開いた。これにも戸惑う。

こうしてなんとか中に入ってみると、カフェテリアが目の前にあった。ちょうどお昼どきだったので、簡単なもので腹ごしらえをすることにした。

ふと見るとふたつ隣のテーブルに東洋人の女性が座っている。外国では、僕は日本人にも東洋人にも目を向けない。話しかけられても無視することにしている。偏屈だと言われてはきたが、ヨーロッパ人になり切っていたジュネーブ時代からずっとそれで通してきた。

ところが、姪っ子はそうはいかない。礼儀も普通以上にわきまえているから、その女性に笑顔で会釈をした。すると、向こうもニコっとする。こっちのテーブルに寄ってきて、「日本の方ですか」と日本語で聞く。姪っ子は喜色を浮かべて話し込む。聞いてみると、彼女はこのシュタイナー本部「ゲーテアヌム」にやってきて二年くらいになるという四十代の画家で、シュタイナーによる絵の理論を学んでいた。

僕らにこの本部についてさまざまなことを教えてくれた。シュタイナーが作りかけてまだ完成していない「生命の木」という彫刻があり、それが午後一時から二時までしか一般開放されていないことや、「オイリュトミー」という運動を中心にした舞踊アートの劇場もあるが、これも一時半から二時半までしか開かないとのこと。

ちょうど間に合ったので、どちらも見に行く。彼女のおかげで「生命の木」という抽象的なオブジェも、オイリュトミーの舞台も見ることができた。

もうひとつ驚いたのは、ドアのことだった。入り口の扉がなぜあんなに重かったのか、内部のドアノブがなぜ下にではなく上に上げるようになっているのか、カフェテリアに入るドアもなぜ普通のものとは違っているのか。その日本人女性に聞くと、それはシュタイナーの考えによるものだという。正門の扉が重いのは、ゲーテアヌムに入ってくる人間にあえて力いっぱい引っ張って重い扉を開けさせることで、意識的に強い気持ちを持ってシュタイナーの教えを学ぶよう自覚してもらうのが目的らしい。ドアノブの動きが通常と違うのは、いつもと同じように開くなら、いつもどおりドアを開けて無意識に入ってしまう。それでは自分がこれからすることに対する意識が薄まってしまう。つまり、意識してこの扉を開けよ、強い意志を持って玄関の扉を開けよ――という教えだという。

なるほど、「自分の意志で扉を開けよ」か。

昔の願望がかなう

翌日は金曜日、やっぱり雨。夕方にはジュネーブからフランスの新幹線TGVでパリに戻らなければならない。レマン湖の遊覧船に姪っ子を乗せようと思っていたのに、冬場は日曜日しか動かないと聞いて諦めていた。ところが朝食のときに気づいたのは、その日は復活祭の金曜日で祭日だということ。そして祭日は日曜日扱いになるので、遊覧船が出る。

喜んで船着場に行くと、大きな遊覧船に観光客は十人もいない。お昼どき、船内のレストランに入って景色を見ながら食事をとったが、レストランには僕ら二人を入れてたったの四人しかいない。復活祭のせいか人数が少なく、丁重な扱い、おいしい食べ物とスイスワイン。まさに、完璧だった。雨にくすむレマン湖畔の景色をボンヤリと眺めながらジュネーブの港に戻り、小雨の中を駅まで歩く。

夕方六時発のＴＧＶに乗り込み、パリのリヨン駅に向かう。

金曜の夜、しかも復活祭の休みの日の夜十時半にリヨン駅に着くわけだから、これは着いてからが大変だと悲惨な状況が頭に浮かぶ。いつも以上に乗降客で駅はごった返しているはず。ヨーロッパ中に散っていた人々が一斉に集まってくるのだから当然だ。タクシーに並ぶのもストレス、乗車拒否されることもある。

どうしよう。せっかくパリを逃げてスイスでストレスとは無縁の日々を送ってきたというのに、目の前に待ち構えている休日の夜のパリの雑踏が最後の関門になってしまった。

三十年前もそうだった。ジュネーブからパリまで開通したばかりの頃にＴＧＶに乗ったことがある。TGVに乗っている間は快適だが、パリのリヨン駅でのあの混雑を考えると身震いがする。みんなが延々と行列しているタクシー待ちの最後尾に並ぶとき、ふと、大金持ちや著名な俳優みたいにさっそうと横付けした自家用車の運転手に行先を告げて乗り込む――そんなことにならないかな、そうあってほしいなと、よく夢想した。

今回も三十年前と同じ状況に突入することになるわけで、パリに近づくにつれてだんだん憂鬱になってきた。そのとき、車内を歩いてきた車掌さんの声が耳に入った。そのフランス語の中に、タクシーという言葉がある。車掌さんを呼んで確認すると、パリのリヨン駅に到着してタクシーが必要なら、TGVの先頭車両付近にタクシーを予約するサービスがあるらしい。まさに渡りに船だと思った僕は、車掌さんに予約をお願いした。手帳のページに名前を書いて彼に手渡したけれど、それ以後、TGVがパリに到着するまで何とも言ってこない。

どうせダメなんだろうと、覚悟を決めてリヨン駅に着いた。長いホームをTGVの車体に沿ってとぼとぼと出口に向かって歩いていると、先頭車両の横で「YASUE」と書かれたカードを持った、きちんとした服装の黒人の青年が立っている。近づいて、フランス語読みで「こんばんは、僕がヤズーだよ」と声をかけると、「お待ちしておりました」と駅舎のすぐ脇のところに止めてあった黒塗りのタクシーに案内された。一方には相変わらずのタクシー待ちの長蛇の列。僕らは待っていたタクシーにすいと乗り込む。三十年前に夢想していたとおりの展開になったというわけ。

やはり、この世界は変貌を遂げていたのか……⁉

おかげで時間のゆとりもできたので、タクシーの運転手さんに「ホテルに直行する前に、パリの夜景を見せたいから市内の要所を回ってもらえないだろうか」と頼んだら、彼はさまざまな場所を解説しながら走ってくれた。おかげでエッフェル塔や凱旋門、ノートルダム大聖堂やパリ市庁舎などの夜景も見ることができた。

これで充分だからあとはホテルに向かってくれと告げたタイミングで、運転手さんは「ここで待っていますから、せっかくですから花の都パリの夜に輝くエッフェル塔の写真を撮ってきたらいかがですか」とまで言ってくれる。

すぐそばにある新しい次元世界――些細な思いの波紋

こんなふうに、その昔願っていたことがなぜかこの新しい世界ではスイスイ実現してしまう。ああ、これは昔の願望だった。若い頃に僕が願った世界に今自分がいる。そこにいるからには、たぶん僕は若くなっているのだろう。若い頃の世界と今の世界がダブっている。塗り替えられていく。若い頃の世界、前のリーマン面の次元にいた自分は、世界のこともよくわからなかったし、自分の選ぶ道もあまりパッとしなかった。でも、あのときこうしたい、こうだったらいいのにといっぱい願望があった。それがこの新しいリーマン面の次元ではスイスイと実現している。ありがたい。うまくいくときはこんなもんだ。気持ちのいいことが続く。その願望がだんだん実現している。

二〇一二年の暮れから、なぜかそういう世界になってしまった。新しい世界にいる僕の周りには、古い世界の中で願望したもの、夢想したものが結実するように集まってきている。僕が当時の若さに戻りつつあるのは、若い頃の願望が結実しているからなのではないかと思う。だから嬉しい。だから楽しい。

若かった頃はヘマばかりやったが、でもそのたびに、ああ、こうしておけばよかったという願望があり、こうなればいいのにと夢想したものだ。大金持ちの境遇だったらいいのになあとか、フランス人の貴族だったらよかったなとか、もっと頭が良かったらなとか、自分の失敗についてはさほどクヨクヨしないのに、映画やテレビの主人公に憧れて、夢を思い描いていた。

それが、今この新しいリーマン面の次元では、なぜか現実にすぐそばにあって、それを自分が実際に体験している。今回のＴＧＶだって、もし僕が車掌さんに声をかけなかったら、また以前と同じように古い世界での情けないくだらない状況しか起きなかったかもしれない。車掌さんに声をかけたことで、僕が夢想してきたことが実現されている新しいリーマン面の次元を引き寄せたのではないだろうか。

だからこそ、自分は何かをしなければいけない。大金持ちを夢見るほどでなくてもいい。偉大な学者でなくてもいい。些細なことでいい。車掌さんにフランス語で声をかけて聞くといった些細な努力があればいい。その些細な努力が響いて波紋をつくる。波紋の広がりの先に、僕の願望が結実した新しいリーマン面の次元があり、それが実際に引き寄せられてくるはずだ。

こうして二週間のフランス・スイス旅行から帰国した直後、東京の道場で八頭芳夫さんに預けていたマンガ単行本『SARU』（五十嵐大介　小学館刊）を受け取った。ルルドに行く直前の東京道場での稽古のとき、大柴弘子さんという女性が初めて稽古に参加したときにそのマンガ本を持ってきた。これからルルドへの巡礼旅行に行くというのに余分の荷物になると考え、道場で八頭芳夫さんに預かってもらっていたのだ。その夜読んで、あっと驚いた。

アルゼンチンの神父さんのご遺体が腐らない話が出てくる。アルプスに大猿のような霊的怪獣が出現して、雲を抜けてズバーッと現われたあのアルプスの絶景も描かれている。さらにノートルダム大聖堂やエッフェル塔の夜景まで描かれていて、まるで僕らの旅の後ろをついて回ったような情景描写の連続だった。おまけに、世界中のさまざまな民族に伝えられてきた踊りというものに霊的な調和を生み出す力があるということまでも！

この「偶然の一致《シンクロニシティー》」はなんだろうとほんとうにびっくりした。でも、それ以上に、「些細なことの波紋」が描かれていたことに、また別な不思議な引き寄せを感じて驚いた。

そのマンガは、霊的怪獣が最後にパリに迫ってきたときに、それを消滅させて世界を救うというストーリーだが、世界を救ったのは、直接怪獣と戦った軍隊と何人かの霊能力者と見えるが、怪獣や悪の集団と戦ってかろうじて勝てた理由を見ていくと、結局、些細なことの積み重ねが勝利を決めていたと理解できる。些細なことの積み重ねという伏線。

たとえばある日の朝、母親が、いつものようにお茶をテーブルに置く。たまたまその日は、そこでは危ないだろうと思ってちょっと奥のほうに置いた。そのためいつもの場所が空いて、昔の家族写真を置いた。たまたま物を探していた子どもがその写真を見て、懐かしいなと思ってそれを見た。そのせいで家を出るのが二分遅れた。その二分遅れたことで、子どもは車にひかれなくてすんだ。ほんとうならひかれて死んでいた子どもが、たまたまそこに写真があったという些細な理由で生き残り、最後には彼が生き残っていたために、人類の中に潜んでいた神と悪魔のバランスがかろうじて神の側に傾いた。それで、最後にブータンからやってきた霊能力者の怪獣を封じ込める力が優《まさ》ったため、地球は救われた。

この一連の流れを分析していくと、次のような連鎖が浮かんでくる。

そこに写真を置いたのは、その前に、熱いお茶をこぼしたらいけないと思ってお茶を奥の方に置いた、子どもを思いやる母親の気づかいがあった。奥に置いたことで写真を手前に置くことができ、子どもがその写真を眺めてふとほのぼのとした気持ちになり、家を出るのがいつもより二分遅れ、交通事故に遭わずに済んだ。その結果、世界が救われた。

この連鎖の流れを、二〇一二年十二月二十二日以降にこの世界が変貌を遂げつつあることにあてはめてみると、どうなるだろうか？

なにか大きな決定的なことを自分が選択する必要はまったくない。日常の些細な思いやりがあればいい。相手が見ず知らずの人でも誰でもいい。向こうから疲れ果てたむっつりした人が歩いてきたら、「こんにちは」とひと声かける。その些細なちょっとした人間の行為が自分の選択になる。そうすることで自分の願望が実現する自分の新しい世界を引き寄せる。悪い願望を引き寄せることもあるかもしれない。人間は意地悪だから、悪いこと、他人の足を引っ張ること、そんなことをするかもしれない。日々そういう暮らしや行ないをしていると、悪い願望が実現している新しい世界を引き寄せてしまう。

だからこそ、赤の他人であっても自分以外の人はみんな神様だと思って気をつかい、みんなのために良い行ないを心がける。すると、自分の願望を実現する新しい世界をどんどん引き寄せ、新しい願望実現の波に乗ることができる。そういう些細なことの積み重ねがいい連鎖を生むことに、この半年間、とくにルルドから帰ってから気づいていった。

衆議院議員の登場

四月十八日、僕は東京プリンスホテルで開かれた政党の応援パーティーに参加した。元アナウンサーで美人の誉れ高い衆議院議員からパーティー券が送られてきたからだ。

その議員との出会いは二カ月前にさかのぼる。美人議員は原子力政策について、ぜひ屈託のない意見を聞きたいと物理学者を探していて、知人を介して紹介された。秘書の方と三人でやってきて、僕はその場でSF小説まがいの大法螺を吹いた。

「原子炉は止めるとアメリカから圧力がかかってくるので、政治的に問題だ。ただ、今のようなかたちの原子炉を維持したり作ったりしていくのでは、またこの地震大国の日本がだめになる。そこで、通常の原子力発電所を建設しますということにして、今すでに原発がある場所に作る。でもその実態は、原子炉の建屋の箱があるだけで、じつは箱の中は潜水艦用の船着場にする。日本の既存の原発はたいてい海岸べりにあるから、この計画が可能になる。その船着場に原子力潜水艦を着岸させる。その原子力潜水艦の中の原子炉で発電した電力を工業用のでかいプラグで陸地のコンセントに差し込む。そうすればそれは普通に発電する原子炉になる。しかも、いざどこかで地震があって津波が来るとなったら、そのプラグをはずして潜水艦は沖に出て潜ればいい。潜っていれば、津波は上を通過するので何ごともない。おまけに直下型の地震のときや震源地が近い場合でも、船着場に停泊中の原子力潜水艦は水面に浮いていて陸地とは接していないために地震の影響も受けない」

本人は元アナウンサーだからあまりよくおわかりにはなっていないようだったが、お守り役である代々議員秘書をしてきた年配の男性は、「すばらしいアイディアだ」と言い出して盛り上がった。自分でも、他にはこんなアホなことを思いつく人はいないだろうと話を続けた。

「それだけじゃない。専守防衛にも役立つ。この原子力潜水艦は軍用ではなく平和目的の発電用なのだから、最初から魚雷やミサイルなどの装備は皆無。しかし、それでも運用次第では大変な武器になるのだ。もし中国やロシアが日本に対して攻撃をかけてきそうな雲行きになったら、この発電用の原子力潜水艦を自動操縦で、たとえば中国海軍の軍港まで潜って行かせて、そこで原子炉をメルトダウンさせると脅す。あるいはロシアのウラジオストクの港でメルトダウンさせると言う。港が使い物にならなくなるのは目に見えているから、日本に手出ししたら、そういうことになるぞという抑止力にもなる」

その秘書の方が「しかも、これ、同盟国に売れますね、立派な原子炉として」と、さらなるメリットも指摘してくれたおかげでその場は盛り上がったのだが、美人議員相手に原子炉の話ばかりでは色気がない。だからピラミッドの話をちょっとした。その頃はまだ次元転移の余韻が残っていたのだ。

「去年の十一月にピラミッドの中に入って、ちょっと不思議な体験をしたんですよ」と水を向けると、議員は身を乗り出して、「そっちのほうが面白い！　聞かせてください」と言いながらこんなことを語り始めた。

「誰にも内緒ですが、私、アトランティスの記憶があるんです……。アトランティスが一夜にして沈んだとき、私はアトランティスの首都にいて、各地で炎が上がっていて、その炎が迫ってくる記憶なんです。アトランティスが間もなく沈むという記憶で、沈むというのもわかっていました」

じつは去年の二〇一二年の十二月、帝国ホテルの宴会場で次元転移を行なった直後、僕は「日本エドガー・ケイシーセンター」の会長さんから、アメリカの著名な超能力者エドガー・ケイシーがアトランティスやピラミッドの謎について見出した事実について聞いていた。

アトランティスの王に当たるトートという人物は、アトランティスが沈むのがわかっていた。沈んでしまえばこれまで蓄積された偉大なアトランティス文明の記憶が消える。それを残すためにどうすればいいか。トートはエジプトの地にアトランティス文明の記憶を残す装置としてピラミッドを建設した。さらに、アトランティスとともに沈む自分が次に転生したとき、転生した自分がピラミッドの中に入れば覚醒する仕掛けを作った。自分はやがてイエスとして生まれ変わることもわかっていたが、イエスとして生まれても、今の自分ほどには覚醒できないと予測できたので、ピラミッドの中に入ればしっかり覚醒できる仕掛けを作った。後になって、トートは予定どおりナザレのイエスとして誕生した。

新約聖書では、イエスは三十代前半に荒野に出て悪魔の誘惑に打ち克つことで覚醒したとあるが、それはイエスの使徒たちによってつくられた虚偽の説であり、エドガー・ケイシーによれば、じつはイエスはマグダラのマリアの案内でエジプトに行き、ギザの大ピラミッドの王の間に入り、そこでハトホルの秘儀を行なったという。

この話は僕にとって初めて聞く内容なので、いささか衝撃的だった。これで自分の内にあったいくつかの疑問がほどけていった。

そんなことを思い出しながら美人議員のお話に耳を傾けていると、さらにびっくりするようなことまでもが飛び出してきた。アトランティスが沈むときのはっきりとした記憶を持っているのも驚きだったが、僕がもっと驚いたのはこっちのほうだ。

「私はどうもシリウスから来たのではないかとおぼろげに思うんです」

僕はシリウスを周回する軌道上にあったＵＦＯ艦隊の司令官だったと言われていたから、

当時の僕につながる人は、女性であればみんなシリウス由来の美人であると勝手に思っていた。この女性議員さんもすごい美人。なんとなく思い当たることがあったので、僕は大変失礼な内容にもかかわらず、こう聞いてみた。

「何人かのスピリチュアルな能力の高い方々によると、僕はどうもシリウスの周りを回るUFO母艦の司令官だったみたいです。ひょっとしてあなたは僕の恋人かなんかじゃないの……?」

むろん、酒席での冗談の延長でそう口にしただけだったのだが、彼女はやけに真剣な顔つきになって黙って考えている。そして、数分経ってから、

「わたし、司令官の何かではないと思う。でも副司令官の何かだったと思います……」

とポツリと言った。「え、副司令官の彼女なの?」と僕は驚いて、矢作先生の顔を思い浮かべた。「そのときの副司令官は、今は東大の医学部の教授をしているんですよ」と言うと、彼女は即「え、会いたい!」と叫ぶ。

しょうがない、二人を引き合わせることにした。

それから一カ月もしないうちに、その時が来た。それは、岐阜の超能力女性に気功で肝臓癌を指摘された二〇一三年三月五日の翌日だった。電気ショックのようなすごい治療を受け、その余韻を感じながら東京へ向かった。夕方六時、待ち合わせのホテルに行くと、元副司令

官の矢作直樹先生はすでにご到着。

激務の東大医学部教授がほんとうに来てくれるのかと心配していた美人議員に対し僕は、

「司令官が『来い！』と言ったら、副司令官は死んでも来る。当然でしょ！」

と胸を張りながら、矢作先生を紹介した。矢作先生には、

「この方、当時シリウスで副官の彼女だったらしいよ、つまりあなたの彼女だったということだけど、わかる？」

と問いかけてみたところ、なにやら懐かしげな雰囲気でうなずいている。

想定外の成り行きに僕が内心驚いている間、美人議員は矢作先生の顔を見るには見ているのだが、二人ともすでにうっとりの状態。そうか、やっぱりこの人たちはそういう関係だったのか……。ところが、しばらく話をしていると議員が突然、

「あ、わかった。彼氏じゃないわ。息子よ。私の子どもだ。だからこんな気持ちになるんだ」

と大きな声を出した。それを合図に、その夜に集まってくれたみんなは盛り上がっていった。

翌日、矢作先生から電話があった。

「彼女は母親と言っていましたが、母親じゃなかった。親しい友達だったそうです」

僕が怪訝な声で「え、やはり彼女ですか？　でも、なぜわかったのですか？」と尋ねると、矢作先生は二人の関係を例によって八王子の野上神様に確認済みだという。彼には霊感とかそういう能力はないから、何かがあると必ず野上神様にうかがいを立てる。僕がエジプトに行ったときのハトホルの秘儀や次元転移の話もほんとうかどうかをうかがっていたし、事あるごとに野上神様にチェックしていただいていた。そして、この美人議員が副司令官の彼女だったという話は間違いないということになった。

応援パーティーで

結局、こうして判明した副司令官の元彼女のつながりということで、二〇一三年の四月十八日、政党の応援パーティーに行った。その間に、美人議員の縁者の一人が足を骨折し外科手術を受けることになったが、その手術が必要かどうかを議員が矢作先生に電話でたしかめると、手術は必要ないということになった。ということで、今生においても彼女はまたもや副司令官に一層の信頼を置いたようだ。

政党の応援パーティーだから、当然ながら立食形式の会場は参加者で溢れかえっていた。食べ物にも飲み物にも、なかなか近づけない。総理大臣が挨拶に来ても、周りはでっかいSPが囲んでいるから姿はほとんど見えない。十分もいたらもう馬鹿ばかしくなって、ホテルのラウンジでコーヒーを飲んでいた。ようやくパーティーが終わり、みんなが集まっていると、僕の新型（?）原子力発電所の話を聞いてくれた秘書の方がやってきて、次の会場で食事を用意していると言われ、矢作先生を含めみんなで待っていた。しばらくすると議員が和服姿の美しい女性を伴って現われ、虎ノ門の店へタクシーに分乗して向かった。

スピリチュアル・カウンセラー

美人議員がその和服の女性を紹介した。まず、やはり美人。和服を着ていたので最初僕はパーティーコンパニオンか銀座のクラブのママさんかなと思っていたが、じつは議員と昵懇の瀬戸奈保子さんというスピリチュアル・カウンセラーだという。

衆議院議員の前職は、県会議員だった。お祖母さんが県内で初めて女性県会議員になったという代々の政治家の家系に生まれ、若い頃からアナウンサーとしてテレビに出て知名度もあり顔も売れていた。そのため、お祖母さんの跡を継いで県会議員にどうかと支援者から話が持ち上がった。彼女は「無理、無理」と断ったが、お祖母さんの血筋を引いているからということで、徐々に考えが変わっていった。

ちょうどその頃に出会ったのが瀬戸奈保子さん。瀬戸さんは「やりなさいよ。かならず当選するように私がしてあげるから」と言って、それ以来、衆議院議員になるまで彼女のスピリチュアル・カウンセラーをしている。

瀬戸さんの特徴は、話している途中で神様とつながること。ある瞬間、瀬戸さんの言葉はイコール神様のお言葉に変わり、つまりは神託となる。瀬戸さんのおかげで彼女は県会議員にも当選し、今回は衆議院議員にもなれたという。だから瀬戸さんに対して議員は絶大な信頼を置いているご様子で、「議員宿舎にときどきやってきて、遅くなって電車がなくなるとよく泊まっていくのよ」と言う。

面白い人だなあと思っていたら、たまたま僕の隣に座った。

凱旋門のお清め

ルルドから帰ってまだ二週間目だったので、その余韻が残っている。スピリチュアルなお仕事をなさっている方だから当然ご存じだろうと思い、僕は隣の席の瀬戸さんに、

「ついこの前フランスへ行って、マリア様の聖地ルルドを訪ね、ヌヴェールでベルナデッタの腐らないご遺体を拝み、パリでも聖カタリナのご遺体を拝見してきたばかりなんですよ」

と言った。すると、彼女は、

「そうですか、私も今度パリに行くんですよ」

と応える。しかも五月に行く日程も決まっているとも。

ルルドの旅の話のついでに、ルルドからパリへ戻って二班に分かれて凱旋門まで歩いたことも伝え、最後にたまたま、

「これまで十年前、二十年前、三十年前に行ったときには、物売りとかスリとかジプシーがいっぱいいいたのに、今回はものすごくよい雰囲気だったんですよ」という僕自身の正直な感想も付け加えておいた。

するとと瀬戸さんは満面の笑顔になり、

「まあ、嬉しい。やっぱり、そうなんですか」

とにっこりする。え、「やっぱり」って、どういうこと？

訳がわからずキョトンとした顔になった僕に教えてくれたのは、なんと彼女はこの十年来、毎年パリに行って凱旋門のお清めをしているということだった。

神様から、「毎年、凱旋門に行ってお清めをしなさい」とお告げがあり、この五月にもお清めに行くことになっていた。

「でもお清めしても、ほんとうに効いているのかどうかわからないし、とにかく神様に言われているから毎年行っていただけなんです」

と言う瀬戸さんは、そんな事情を知らない第三者の口から初めて、「凱旋門のあたりが昔と見違えるくらい雰囲気がよくなっていた」と言われてとても嬉しかったようだ。

それがいちばん聞きたかった言葉だったと、とても喜んでくれて、何度も「一緒にパリにお清めに行きましょう」と誘われた。残念ながら教授会の議長役が回ってきていた僕は、「今年度一年間は身動きできないので、そのかわり昔の弟子がパリにいるから、彼女に付き合わさせます」

と伝えた。

冶部さん復活！

五月になって、瀬戸さんはパリに行き、僕は元弟子の冶部さんに頼んで、結局二日間、瀬戸さんと付き合ってもらった。冶部さんと瀬戸さんは同年齢ということもあって、すぐ意気投合したらしい。

パリ中心部オペラ座の近くのユダヤ人街のカフェでお茶を飲みながら、瀬戸さんは「やってあげるわよ」と冶部さんのスピリチュアル・カウンセリングを始めた。瀬戸さんはカウンセリングの途中で神様とつながる。その途端、言葉がきつくなって命令調になる。後でそのことを謝りながらも続けたこのカウンセリングが、冶部さんをすっかり変えてしまった。

最初、僕は冶部さんの面倒をみる予定だったが、フランス政府の意地悪でビザ取得が遅くなってしまい、冶部さんは遅れて四月の中頃に一人でパリに行った。住むところは決まっていたけれど、あとのこまごましたセッティングは全部自分でやらなければならない。電話もインターネット経由のテレビのアレンジも自分でしなければならない。カナダのマギル大学大学院でMBAを取得したとはいえ、英語には自信のある冶部さんもフランス語はそれほど堪能ではないし、頼りとする国連機関の上司は春のバカンスで一カ月先にしか出てこない。同じように日本から派遣されている他の日本人は、まったく役に立たない。

そんな状況にいて、ときどき僕によこすメールも、「これは危ないな、一度見に行ってやらないといけないかなあ」と思わせるテンションの低い内容だった。彼女から来るメールからもスカイプという無料電話からも、いつもの彼女の明るさと能天気さが消えていて、かなりのストレス下にあることがわかる。

彼女は自分が持っていたドコモのスマホから、心臓部のチップを外してフランスに持ってきていた。フランスで買ったチップを入れれば使えるはずなのだが、これも手に余ってダメだった。向こうの通信会社の人とやりあってもうまくいかない。僕は現地のアイフォンを買いなさいと助言したが、何をやってもダメですとしょげていた。

ところが、瀬戸さんのカウンセリングをきっかけに、冶部さんは人が変わったように本来の冶部さんに戻って活き活きと行動しはじめた。

フランス語は未熟だが、辞書を片手にまず通信会社のホームページにあるフランス語の説明をしっかり読んだ。全部そのとおりにやっていって、気がついたら難攻不落のスマホを自在に使えるようになった。パリに着任してからウィークエンドは自分の部屋でくすぶっていたのに、シャンパーニュ地方でマラソンがあると聞き、参加すると決めた。

シャンパン用の葡萄畑が連なる田舎町を走る有名なマラソンレースで、ゴールにたどり着いたときにはシャンパンが振る舞われるという。ついては医者の診断書がないといけないので、書類を添付してメールで送るから岡山で病院をやっている父親のところへ行って適当に書いてもらってほしいときた。いつものように、恩師であり、上司でもあったこの僕を使い回す癖が、ちゃんと戻ってきたようだ。

翌日、僕は親父さんのところに行って、フランス語が苦手な親父さんの代わりに僕がサッと記入し、親父さんにはサインだけしてもらって返送した。彼女がそのマラソンに出ると、日本人女性が走るのは珍しいから、沿道からは「アレー、ジャポネーズ（日本女子、がんばれー）」とフランス語の声援が飛んでくる。彼女はがんばって二十キロコースを完走し、シャンパンもしっかり飲んだ。

週末はフランスの新幹線ＴＧＶに乗って、あちこちに行く。時間がないときには、オペラ座やその他のパリ市内の劇場を訪ね演劇を見た。オペラ座までの地下鉄は周りが見えないからパリの地理がわからないままになるので、路線バスに乗って地上を移動する。だんだん街の景色も覚えていく。

テニスの全仏オープンも見に行った。錦織選手の試合も見ようとしたら、チケットはすでに売り切れ。でも、行けばなんとかなるだろうとにかく行ってみた。会場にいたダフ屋と交渉し、前列のいい席のチケットを手に入れ、錦織選手が二回戦で勝つのを実際に見た。

そんなふうに、ガラリと変わった——いや、本来の姿に戻った。冶部さんは神様とつながった瀬戸さんに、あることを言われて勇気づけられたようだ。カフェでのんびり話をしていたら、瀬戸さんが急に険しい言葉になって、こう言ったという。

「研究を完成させるんじゃなかったのか！」

それだけの言葉だったが、それは彼女の心に深く刺さった。それには彼女を発奮させる、大きな力が宿っていたのだ。

冶部さんはずっと今の研究を続けようと思って、今回パリに来た。来たら来たで周囲の環境が大変な状況で、かなり弱気になっていた。ところが、瀬戸さんを通して神様が一喝した。その結果、冶部さんは目が醒め、いつもの活発な彼女を取り戻した。

いまやスカイプで話すときも、いつものように僕に命令する口調になった。瀬戸さんに会わなかったら彼女はつぶれていたかもしれない。瀬戸さんはすごいスピリチュアル・カウンセラーだと思った。

そういえば美人議員にも、こんなことがあったという。元アナウンサーの美人だから、県会議員になったときにも不特定多数の女性が嫌がらせをして足を引っぱる。ある男性とどこかへ行っていたなどの根も葉もない噂が流され、デマが平気で拡がっていく。噂は噂を呼び、デマはさらに大きくなったデマを呼び、彼女はどんどん言われっぱなしで、それで有名になっていった。

それに対して瀬戸さんは、神様の言葉として、こう伝えた。

「一切反論するな。むしろ自分から好きに言え」

それを受け、議員は「最近、男が群がってきてねぇ」などと誇張したどうでもよいことを平気でどんどんしゃべるようになった。明らかに冗談だとわかるので、デマを流そうにも、結局、足をひっぱる効果がなくなってしまった。瀬戸奈保子さんは、そういう面白いカウンセラーだった。

ひとつの余興のような出来事が、人と人をつなぎ、偶然が必然を呼び、それが連鎖して波となり、ある調和に向かっていく。この新しい世界では、こんなことがしょっちゅう起こるようになった。

《第四章》

つながる

「岐阜に参りましょう」というメール

フランスから帰国し、やり残しの雑務の片づけに奮戦していると、一緒にルルドに行った姪っ子から突然短いメールが届いた。「岐阜に参りましょう」とある。

えっ、なぜ？　姪っ子の目から見てもやっぱり僕の具合が悪そうに見えたのかなと、一瞬悪いほうに受け取った。巡礼旅行の道中で、じつは少し前に岐阜に行ってある超能力女性にこんな治療をされたんだと、簡単に内容を伝えていたのだ。それが、帰国してしばらくすると、ポツンと一行、「岐阜に参りましょう」というメールを送ってよこす。

姪っ子は、何か感ずることがあったのだろう。彼女は彼女なりに、すごい閃きを見せるときがある。これまでも何度かその直感に救われたことがある。これは再度行くしかないなと観念して、僕は姪っ子に一緒に行くかと確認を求めた。すると、本人もぜひ行きたいと言う。

結局、再び岐阜の超能力女性のところに行ったのは五月十七日。最初に知り合いに紹介されて連れていってもらったときには、再び訪れるとは思いもしなかったから、まったく場所を覚えていない。参りましょうと言われても、どうやって行けばよいかわからない。

さあ困った。岐阜県といっても広い。いまさら紹介してくれた人物に聞くのもバツが悪いし、もし再度行くから住所を教えてくれということになれば先方は無理をしてでも車を出してくれることになるだろうし、迷惑をかける。

　思案していると、超能力女性のご近所に大手ハンバーガーチェーンの店があり、受診する前にそこで腹ごしらえをしたことを思い出した。そこで、インターネット検索でたしかめる。名古屋からわりと近いところの岐阜県内。周りの風景は田舎風だったから、岐阜の市内ではない。そして、大手ハンバーガーチェーンを検索してみると、一軒だけ該当したのが美濃店。

　ここだと思って地図をクローズアップして見ると、近所にＪＲの駅がある。しかも、都合のよいことにそこなら名古屋からの特急が止まる。よし、これなら行けると思って、詳細な地図から住所、所番地まで調べ上げた。ＮＴＴイエローブックのインターネット版を見ると、電話番号もわかった。

　こうしてなんとか無事に超能力女性に再会できたのだ。

　入り口から中に入ると、彼女が出てきて僕の顔ではなく頭の上のほうを凝視している。しばらく見てから、

「あんた、たしかこの前来て、肝臓癌があった人だよね。わたし取りきれなかったんだよね。ヘンだね、どこへいっちゃったの。ちょっとおかしい、こっちにいらっしゃい」

　とつぶやいて、またこの前と同じようにベッドに寝かされて不思議な治療が始まった。ところが今回は、ビリビリという背中の電流はまったくない。彼女は、あれっという様子

で、前に回ってきて僕の頭上のあたりを手でこね回している。そうしてこう告げた。

「あんた、ほんとうにないじゃないの。何したの？　よかったね」

彼女は部屋を出て行ったきり。それで終わりだった。

帰りの電車の中で、これでほんとうに助かったと思った。

岐阜の超能力女性の「あんた、ほんとうにないじゃないの」というひと言は、マリア様と大天使ミカエルから頂戴したさらなる十年に対する絶対的な確信へのダメ押しとなった。ルルドで受けたお恵みの追認だった。これでほんとうに安心できた。

帰りの電車の中で姪に、「なんで岐阜に参りましょうと書いたの？　やっぱり僕の顔色はルルドに行っている途中、ずっと悪かった？」と聞いた。彼女はしばらくボーっとしてから、

「なぜあんなメールを出したんでしょうね……まったくわかりませんね……」

と言う。納得できない僕が、

「僕の具合が悪そうだから、話に聞いた岐阜の超能力女性のところで、もう一回気功で治してもらおうという意味だったんじゃないの？」

とあからさまに念を押すと、

「いや、岐阜のその女性のことを思ったのではないですね。何かわからないけど、ただ一行、岐阜に参りましょうとメールを出したのは覚えています。でも、なぜだかはわからないで

す」

という不思議な返事。

そのとき、僕は合点した。これは、神様が彼女を突き動かしてメールを出させたのだと。彼女は自分では気づかない間にギザの大ピラミッドの王の間でハトホルの秘儀を受けた結果、神様からヒーリングのパワーを授けたと言われた子だ。その子が、意味もなく物見遊山《ものみゆさん》やピクニック気分で岐阜へ参りましょうと提案するはずがない。「岐阜に参りましょう」と言うからには、てっきり彼女の中でなんらかの不安要因が生じ、何かに突き動かされ、その延長でメールを発信したのだとしか思えなかった。だから僕は根性を入れ直し、岐阜にやってきたのだった。

この日、やはり癌が消えたのだと二重の確認ができて、僕は嬉しかった。もうほんとうに治ったと確信した。

五月十七日はつい数カ月前のことだが、僕の頭の中では、もうずいぶん遠い過去になっている。いろんなことがあって、いろんな変化が起きた。しかも、その変化がどんどん急加速している。

衆議院議員の美人代議士やスピリチュアル・カウンセラーの瀬戸奈保子さんとは、こっちから会おうとして出会ったわけではない。岐阜の超能力女性の不思議な気功治療で僕の身体を診てもらったのも、僕が望んで求めていったわけではなく、最初は知り合いの顔を立てるという程度の意味合いだったし、二度目は姪っ子がなぜか無意識で送ってくれた「岐阜に参りましょう」という一行メールに押されたかたちだった。

その結果、超能力の彼女は「あれ、この前ここにあった肝臓癌が消えている、なんかやったの?」とダメ押ししてくれた。肝臓癌が消えているとおっしゃったのだ。彼女のひと言は、ルルドとノートルダム大聖堂で告げられた僕に対する「あと十年の猶予」という神様のお墨付きを追認してくれる格好になった。

もちろん、こちらが意図して動いたわけではない。あれよあれよという間に、結果的にそうなっていった。たどり着いた先は、ある種の調和に満ちあふれた世界だった。まるでドミノ倒しのドミノが連鎖してどんどん倒れるように倒れ、その先に調和があった。

「連鎖調和」とでも呼べるような……。

ダンサーとは戦うな

二〇一三年五月二十六日、東京道場での稽古。ダンサーであり振付師としてブロードウェーでも活躍された東出融《ひがしでとおる》さんという人物が入門してくれた。東出さんは武術、心理学、人類学、シュタイナーの人智学やゲーテの形態学など、さまざまな分野から身体づくりを行なう人だという。このような方が稽古に見えたので、ただ普通に参加してもらうだけではもったいない。せっかく著名なダンサーがいらしているので、稽古前の準備運動として、「一人でクルっと回る踊り方を指導してくれませんか」とお願いした。

彼のダンスは僕らがやっている素人のそれとはもちろん違う。当たり前のことだが、まず姿勢が違う。足がピーンときれいに張っている。腕の動きも様になっていて、僕らが日頃稽古でやっている踊りとは何から何まで違う。本格派のダンサーがそこにいるという印象が道場の隅々にまで及んでいた。彼はダンス教室で指導していることもあって、初心者にとってダンスの基本中の基本となる大事なことを教えてくださった。プロのダンサーによるダンスの基本レッスンを習ってから、その日、僕らはいつもの稽古を始めた。

稽古が始まってから、そうだ、今日は彼に実験台になってもらおう、プロのダンサーが踊りながら、その途中で、そばで踊っている他の踊り手をポンと投げてみる――ダンサーの一撃というのはどの程度のものなのかを確認することができるのではないかと思いついた。ふだんの稽古なら、まず僕がお手本を見せるのが通例。誰か門人の一人を立たせて、僕が踊りながらその門人をポンと投げるわけだが、今日はその前に、プロのダンサーに余計な先入観なしにやってもらったらこれは面白い実験になる。それをお願いしてみようと考えた。

ならば相手をするのも、鍛えに鍛えた屈強な門人がいい。そこで、八頭さんに出てきてもらって、プロのダンサーの前に腰の位置を極めた安定した姿勢で立ってもらう。その上で、東出さんのレパートリーの中でご自分がいちばん乗れる踊りを三十秒くらい踊ってもらい、その途中で、このいかつい門人を軽くポンと投げてみてくれませんかとお願いした。

この初めての実験は——大成功だった。

さすがは、プロのダンサー、僕らの踊りとはひと味もふた味も違う。プロのダンサーの感覚でひとしきり八頭さんの周りを踊ってから、最後にポンと八頭さんの両肩に手をかけた。もちろん、八頭さんは鍛え上げた武道家であり大学の体育教員だから、そう簡単には崩れない。しかしそんな剛の者も、簡単にコテーンと投げ飛ばされた。

そう、実験はうまくいった。プロのダンサーが踊るというのはかくのごとしという模範演技を見せてもらった。東出さんはスーっと自分の踊りの中に入っていき、自分の意識をまっさらにして、その場の雰囲気を変え、その場にいる人たちの魂を解放する。そして鎧袖《がいしゅう》一《いっ》触《しょく》、剛の武芸者の八頭さんの身体がきれいにぶっ飛んだ。

ダンサーの力、踊りの力、舞いを舞うというのはこういうことだと、僕がみんなに説明すると、静まり返っていた道場がわあーっと沸いた。

期待どおりの結果に大満足の僕は、プロのダンサーに向かって少し自慢げに、

「これ面白いでしょう、踊って魂を解放させると、なぜかこんなふうに相手を愛したのと同

じ状況になって、その結果、相手は簡単に倒れるんですよ、不思議でしょう」と水を向ける。ところが、彼は格別不思議そうな顔もしない。僕はダンスを踊りながら周囲の人をポンと倒すなんて聞いたことはないでしょうと、あからさまに迫った。ところが、その東出さんは「いや、知っていましたよ」と平然と言ってのける。

そして、こんなことを話してくれた。

数年前にメルセデスベンツの社会貢献事業（いわゆるメセナ）として、世界のトップ十人のダンサーをドイツに呼んで、そこでダンスの交流をするという芸術活動があった。トップテンは、国際的に名前のある応募者の中から厳選される。彼はそれに応募して講師として選ばれ、ドイツ・メルセデスベンツのお膝元で踊りを指導した。集まったドイツ人たちの中には、ダンスに興味があって来ただけではない武道家たちもいた。

武道家の間では昔から、「ダンサーとは喧嘩するな」という言い伝えがある。僕もその話は耳にしていたが、要するに武道家はダンサーには絶対に勝てないということだ。空手だろうが柔道だろうがどんな武道でも、相手がダンサーだったらかなわない。だからどの流派にも、絶対にダンサーとは喧嘩をするなという言い伝えが残っている。

それを初めて聞いたとき、僕はその理由を、ダンサーはムダな贅肉を落として敏捷に動くからだと考えていた。一時間、二時間、ときには数時間以上にも及ぶ舞台をこなさないといけないからスタミナがあり、喧嘩でもくるくる回っているうちに、結局こちらがバテてしまってパーッと逃げられるのだろうという程度に理解していた。

それはとんでもない誤解だった。

踊るということは、踊り手の精神状態が、踊る相手や聴衆を魂のレベルで感ずるような高みに自ら昇華していくことだ。没我であり無我であり恍惚であり、たぶんそこは愛に満ちた場に変じているはず。この精神状態に没入することは、僕が受け継いだキリスト由来の活人術における「愛魂」の技法と変わりはない。踊る相手も、さらにはそれを見ている聴衆をも、踊り手は自分の魂で包み込み、己の魂を彼らの魂に重ねていく。それはつまり「愛している」ということだ。

このときもし相手を倒すような動きをとれば、相手はいとも簡単に倒れる。踊りは、つまり愛魂だ。だからダンサーはその気になれば、その場にいる人を誰でもコテンと倒せるに違いない。それがわかったとき、僕は「ダンサーと戦ってはいけない」というほんとうの意味にやっと気がついた。

むろんダンサー自身は、自分が喧嘩に強いなどとは思ってはいない。ダンサーが舞台に立って全観客を惹きつけるということは、その魂が全員の魂とつながっていることで、それほど深く魂が解放されている。それくらいのダンサーは喧嘩相手の魂などはすぐに巻き込んでしまうから、その瞬間、ダンスは愛魂となる。

だから、ダンサーと戦ってはいけない。

東出さんが招かれてドイツに行ったときに、ダンスをすることで自分たちの武道に何らかプラスになることがあるだろうと思って参加していた武道家たちが何人かいたそうだ。彼らは、講師のダンサー相手に、真剣な殴り合いではないにしろ、実際に自分たちとある程度真剣な試合をして、ほんとうにダンサーが勝てるのかどうかを確認したがっていた。それを確認してからでなければダンスを習うつもりはないとまで公言する人もいた。

ドイツ人は、ものごとをはっきりとあからさまに言う。東出さんはその昔、養神館で塩田剛三先生に合気道を習ったことがあったが、ダンスの修行が忙しくてちょっとかじったという程度だった。しかし、ドイツ人たちが詰め寄ってくるのを前に逃げるわけにもいかない。しかたないと思いながら、ではやりましょうと受けた。合気道をやめて日が経っているし、身体が技の動きを記憶しているかどうかもわからない。そこで、自分はダンサーだからダンスでお相手しますと告げた。試合のような交流稽古が始まった。

彼らはそれぞれの武術で攻撃してくる。東出さんは踊りながら、とりあえずドイツ人たちが近づいてきたら相手の身体に手をかけてパーンと投げをやった。簡単にぶっ飛んでいった。みんなを手玉にとって簡単に倒すことができた。翌日からドイツ人の武道家たちは態度を改め、きちんと真面目にダンスを習ったそうだ。

だから、僕が「こんなこと、見たことないでしょう」と言っても、彼は驚きもしなかったのだ。その日の稽古は、プロのダンサーのおかげで盛り上がり、ほんとうに面白かった。

彼の真骨頂はダンスばかりではなかった。

彼には、自分を立派に見せようなどという願望はない。ダンスを通してみんなそれぞれの道に役立ててもらえる胆力をつけてもらいたいと、ブロードウェーという世界の檜舞台から日本に戻ってからも東京や神奈川でダンスを教えていた。ところがある日、なぜかダンス教室を閉め、山形県のとある山中に引っ越した。村役場に交渉して、ひとつの山を何年間か自由に使っていいという許可を得た。熱意と人柄、それが信頼を得たのだった。

その山里には「千年伏流水」と呼ばれる清らかな水があった。

千年かけてジワーっと湧水となって出てくる水源をいくつか見つけ、東出さんは、これは生命の根源に最適なすばらしい水だと日本全国に配っている。郵送費は着払い。水の代金、容器代を入れて年会費一万五千円を払えば、年間で二百四十リットルを送ってくれる。会費は水源地を管理しているボランティアの人たちの労働に対するささやかな対価だという。会員が増えれば増えるほど値段は下げられるとも。

東京道場にも、わざわざその千年伏流水を持ってきてくださった。

稽古が終わってから、門人みんなと一緒に、おいしい水を頂戴した。

彼は、ダンサーをパッとやめた。新しい自分のテーマを発見したのだ。モデル的な試みがうまくいって、鳥取県の大山《だいせん》や他のいくつかの山村からも引き合いがきている。全国にある「千年伏流水」の良い水源を見つけようと、いま日本中を飛び回っている。稀に見る強者。

なぜかこの新しい次元世界になってからは、声をかけないでもそんな人たちがどんどん集まってくる。何かが徐々に実体化しつつあるように……。

膻中を使うな——本山博先生の忠告

プロのダンサーが東京道場に現われるちょっと前の四月二十八日、僕は四カ月ぶりに名古屋道場へ稽古に行った。この道場は主に神戸在住の門人に頼んで指導してもらっていたが、僕自身が出向いたのはほんとうに久しぶりだった。

名古屋市内の広くて新しい柔道場では、初めて見る入門者たちが稽古をやっていた。その中に東大の物理学科を出た物理学者で、長年、専門家として格闘技や武術を物理学的に研究してきたことで有名な方がいた。殴るときはこれこれの物理量がこれこれの力学法則のもとで働き、その衝撃はこれこれの方程式によって計算することができるなどと、武道の一挙一動を理屈で考えながら実験的な研究をしている方だった。

初対面だったがお名前もご著書も存じ上げていたので、すぐにご挨拶をしてから全体の稽古を始めた。しばらくして、相手が拳で突いてくるのをパンと外してから倒す技をやることになった。みんなうまくできないで汗をかいている。中でも、物理学者の相手をしていた恰幅のいい男性はうまくできないどころか、見ていてかわいそうなくらいボコボコに突かれている。僕が近づいていくと「どうにもなりません！」とぼやくことしきり。

しかたがないので、

「そうじゃないよ、相手を愛してあげないといけないんだ。ちょっと見て……」と僕は声をかけ、相手をボコボコに突いていた物理学者に、

「僕を突いてみて」

と促した。すると彼は、真剣な顔で、

「ほんとうに突いていいんですか」

と躊躇している。それに対して、

「あなたの好きなように突いていいんだよ」

と僕。

みぞおちを突くか胸を突くか、どの急所をどの程度に突いたらいいのか迷っている。だから、

「どこをどう突いてもいいですよ」

と僕は答えた。

彼は「あ、わかりました。では、好きに突いていいんですね」と言いながら、思いのほか素早く鋭い突きを入れてきた。単に武術や格闘技の技法を力学的に解析している著名な物理学者というだけではなく、ご本人も格闘についてはかなりの腕前のようだ。

僕はいつもやっているように、僕の魂で相手の魂を包んで、相手を愛しながら、愛魂をかけた。すると、物理学者の鋭い突きは僕の身体に触れる手前でフニャンとなり、彼自身もコテンと倒れてしまう。彼は、「あれー、かすりもしないし、なんでこんなになるんですか?」と言いながら、「もう一回」と大声を出した。それを二度、三度と繰り返す。

「何回やっても同じだね」

と僕が言うと、彼は、

「あー、攻撃した側がこんなふうになるんですか」

と、びっくりしていた。

武道や格闘技の中で、ご自分で体験した技法を物理学者として理解するために自ら確立した理論や方程式は、この現象の前では威力を発揮しなかったようだ。

「それにしても不思議だ、どうもおかしい」

と消化不良の様子。

でも、そこはやはり真理を探究する物理学者だ。

「なぜ、いったいどうしてこうなるのですか」

とあらためて聞いてきた。こういう場合、僕の答は、

「相手を愛しているからです」

のひと言しかない。それを聞いた彼は、

「そうなんだ、ほんとうなんだ。まさかこんなふうになるとは思わなかった」

と首をひねっていた。


名古屋道場での次の稽古は五月三十日。

その少し前に、愛知県の谷沢清さんという男性から久しぶりに電話があった。

谷沢さんは、「数日前に、大学で武術の研究をしている懇意な先生と先ほど電話をしておりました」

と言いながら、件《くだん》のあの物理学者とはもともと知り合いだったこと、その物理学者が電話でこんなことを言ってきたと伝えてくれた。

「おれはある程度歳をとってはいるが、いろんな武術を実際にやってきたし、技法の研究も

してきた。おれがこれまで突こうと思って突けなかった相手はいない。おれの突きが相手にかわされたことはないし、まして倒されたこともない。世間で強いとか不思議だと噂されている有名なあの先生もこの先生も、みんな突かしてもらった。ところがついこの前、名古屋市内にある道場で岡山の保江先生の稽古に出たときに突いていくチャンスがめぐってきた。ところが、おれの突く拳が相手に当たるはるか前に、なぜかフニャンとなって、気がついたらおれは倒れていた。しかも倒されたおれが笑っていたんだよ。ありゃ、ホンモノだよ」

それを聞いた谷沢さんは、

「えっ、じつは私はその昔、ヨガや気功の科学研究の草分け的な学者の本山博先生に頼まれて、保江先生をお連れしたことがあるんですよ」

と話が弾み、久しぶりに僕のことを思い出して、すぐに僕に電話をくれたのだった。名古屋の道場に稽古に行っていいですかというので、水臭いことを言わずにいつでもどうぞと笑いながら電話を切った。

そうだ、思いだした。谷沢さんには懐かしい思い出がある。それも僕にとってはちょっと恥ずかしい思い出だ。

六年ほど前に、谷沢さんは岡山の道場に訪ねてきて、一度だけ稽古をして帰っていった。その直後、谷沢さんから電話をいただいた。超能力やヨガ、気などの学術研究で日本における草分け的な存在として知られる本山博先生が僕に会いたがっているとのこと。しかも、岡山東京間の往復旅費まで出してくださるとまでも。

本山先生のお名前はご高名なので当然存じ上げていた。僕にとってはとても光栄なことで当然参りますと返事をした。数週間後、当時本山先生が依拠していた東京三鷹の玉光神社へ案内された。初めてお会いした先生はとても腰が低く、人当たりも柔らかで、僕はひと目で先生のファンになった。

午後の四時間ほどを使って、本山先生はこれまでの研究成果をダイジェストで直接解説してくださったばかりではなく、ご高齢にしてなお模索中という将来を見据えた新しい活動ビジョンまでも伝えてくださった。その途中、お茶を飲みながらの歓談の中で、先生はなぜかこう切り出された。

「僕は君の合気の先生を知っているんだよ」

え？　僕は、ほんとうに驚いた。

著名な本山博先生とわが師佐川幸義先生との間のどこに接点があったのだろう。師匠の佐川幸義先生は昔から催眠術や観相学など、ご自分の合気を極める武術修行に使えるものは何にでも興味をお持ちだったから、その延長で本山先生の科学的な研究内容にも興味を持っておられたのかもしれない。そんなことを考えていると、大きなテーブルを挟んで向かい合っていた高齢の本山先生は、それまでの笑顔の中に急に鋭い眼光を放ちながら、言い聞かせるかのようにゆっくりと語りはじめた。

「君も今のように道場でやっていると、君の先生のように心臓をダメにして死んじゃうよ。だから君に来てもらったんだ。合気は、ハートチャクラの『膻中《だんちゅう》』を酷使する。君の先生もしょっちゅうここを使っていた。ここを使いすぎると心臓に来る。心臓をダメにする。だから、道場をやっているからしかたがないとしても、君も、人を投げ飛ばすのは一週間に十回くらいにしておきなさい」

著名な本山先生が旅費を出してくださってまでわざわざ僕を岡山から呼び寄せたのは、このことを忠告するためだったのだと、僕は合点がいった。

当時岡山の道場では土曜日にも日曜日にも稽古をやっていたから、おっしゃるとおりだとすれば毎回の稽古では五回までしか合気を用いることはできないことになる。それまでは、かっこいいし、なにしろできるようになったばかりで有頂天になって夢中でやっていた。それが楽しくて、門人のみんなを相手にバンバン投げ飛ばしていた。

ところがこの本山先生は、少なければ少ないほどいいし、できればまったくしないのがいちばんいいとまでもおっしゃる。高名な本山先生がそうおっしゃるのだから、その日のうちに岡山に帰ってから合気はもうあまりやらないようにした。以来、本山先生からの忠告を思い出しながら、できるだけ合気はやらないようにして、やるとしても一週間に十回までと決めた。みんながどうしたのですかと聞いても、僕は何も言わなかった。

そのときからずっと今に至るまで、必要最小限しか合気を使わない。

普通の人が「それは心臓に悪いよ」と言うのなら笑って無視するけれど、ヨガや気功についての科学的学術研究の草分けとして知られる本山博先生に言われ、かつ僕の合気の先生も心臓が原因で亡くなったと聞いては、ほんとうに合気の使用を減らすしかない。

たしか佐川先生も、当初はあまりなさらなかった。でも門人が増えた晩年は請われるままにすばらしい合気の技をどんどんお見せしていた。先生は長生きだったが、晩年は急に合気をお示しになることが増えてきたので、余計に心臓に来たのかもしれない。

あのときの本山博先生の忠告のおかげで、合気の道を踏み外すことがなかったのに、ある時期、僕は先生のご忠告をすっかり忘れて高慢ちきになっていた。僕は膻中から発した気を使って、門人たちをバンバン投げ飛ばしていた。昔のビデオを見ると、その違いがよくわかる。いま見ると、とても恥ずかしい。俺は神様だ、お前らは雑魚《ざこ》だと言わんばかりに、僕は得意満面で高慢だった。そのときはわからなかったが、かっこいいだろう、すばらしいだろう、こんなに強くなったんだぞと、目いっぱい自分を大きく見せようとしていた。ほんとうの修道士でもないのに、修道服を着ては修道士気取りで、いい気になって人を投げ飛ばして得意がっていた……。

谷沢さんからの電話が、それを思い出させてくれた。

ああ、あのとき六年前にそう言われ、僕はできるだけ膻中を使った合気をしないようにしてきた。そのおかげで、こうしてかろうじてピンピンして生きている。今では、愛魂をするときはありのまま。ただ愛するだけ。身体のどこも使わないし、気も使わない。

本山博先生には頭が上がらない。

そんな大事なことも谷沢さんから電話を頂戴するまですっかり忘れていた。

久しぶりの名古屋道場、物理学者の鋭い突き、物理学者と昵懇だった谷沢さん、谷沢さんがご案内してくれた本山博先生のご忠告——こういう鎖のような不思議なつながりが、いつも僕を助けてくれる。しかも、自分ではすでに忘却の彼方に追いやっていた事実、助けていただいたという事実を、必要な折りにこうやって思い出させてくれる。

過去のリーマン面の次元で、僕は強いんだと天狗になって得意満面だった。

背後のどなたかがちゃんと調整してくださっていたのに、それにすら気づかず、俺は偉いんだ、俺は強いんだと吠えていた。それでも神様はちゃんと計らってくださっていた。新しいリーマン面の次元では、それと気づかせてくれる連鎖調和がこのようにボコボコと出現している。ありがたいことだ。

超模範受刑者

獄中にいる見知らぬ人から手紙が来た。

便箋三十枚にびっしりと書かれている。一字の間違いもない立派な手紙だった。刑務所からの手紙は規則上七枚までと決まっているそうだが、手紙を読むとこの人は模範囚の扱いを受けているらしく、こういう人がなぜ刑務所にいるのかと不思議に思えるほどの人格者だった。彼は自分では知らない間に悪人たちに利用され、その結果として犯罪グループの一員として逮捕されたのだ。懲役十七年を宣告され、この春、ようやく刑期を務め上げた。

彼は犯罪グループの首謀者のボディガードをしていた。フルコンタクト空手でものすごく強かった。この人が獄中で僕の本を全部読んで、手紙をくださったのだ。

彼は犯罪グループの中でも、何をするか知らされていなかった。首謀者に命じられた彼の役割は、実行犯たちのところへもし警察が職務質問か何かでやってきたときに、警察官と闘って倒すことだった。いつもは首謀者のボディガードをしていたが、なぜかその日は特別任務を与えられた。つまり周りの状況はわからぬまま車に乗っていた。いろいろあったが結局は実行犯の一人だということで逮捕され、実刑を受けた。

警察や検察もその辺のことは重々わかっていたが、現在の日本では司法取引はない。ないということが前提になっていながら、暗黙のうちの司法取引というかたちで、早急に犯罪グループの中の誰かを実刑にしなければならなかった。検察は何しているんだ、早く実刑にしろ、早く死刑にしろという世論の雰囲気が濃く、とにかく誰か一人でも真っ先に実刑にしなければならなかった。

弁護士と検察の間での話し合いがあったらしいのだが、本人は何も知らなかった、思想的な背景もない。ただただ腕っ節が強く、首謀者のボディガードをしていただけで、グループの裏の活動もまったく知らない。確信犯ではないにもかかわらず証拠がきちんとあったこと、彼の発言もそれを裏づけるものだったことから、とにかく懲役十七年という刑を受けた。本人も自分の過ちだからと納得して刑期を務め上げた——そういういきさつがその手紙には縷々書いてあった。

手紙にはこの五月二十九日に出所すると記してあった。僕より少し若い五十代。刑を受けた当時は三十代で、十七年間お務めした今は五十代。

彼の手紙にはちゃんと検閲印が打ってあって、それで通ってきている。「獄中で自分が希望した本は届けてもらえるのだが、それが一カ月後くらいに届いてやっと読める。そうしてあなたの本を読んだ。自分の気持ちを立て直すには、このキリストの活人術である愛魂しかないと思った、ぜひ入門させてほしい」などと書いてあるのに、刑務所はそれをちゃんと検閲して通してきている。

そこで、僕は即入門許可を出した。それどころか、面会に行って、直接、入門オーケーですよと伝えようと思った。

彼が空手をやったのはほんのちょっとの間だけだったが、犯罪グループの中にいた他のフルコンタクト空手の黒帯全員に勝っていた。直接試合をしてみると、グループの中でいちばん強かった。そのため首謀者にボディガードになれと命じられた実力者だった。

外国に行った際に、陸軍の現役兵らと交流する格闘技の試合があった。日本人は軒並み負けていった。ところが、彼だけが現役兵と互角に闘い、負けなかった。それ以来、その兵隊たちは敬意を表して彼とは闘わなくなった。それくらい彼は強かった。

フルコンタクト空手の道場に籍を置いた期間はわずかだったが、その頃は怪我をしていたこともあり、ここまで強くはなかった。では、いったいなぜ強くなったのか、考えてもわからないと手紙にはあった。

しかし、フルコンタクト空手をやめてから何年か、ダンスの先生夫妻に拾われて修行したとある。日本の全国大会で二、三度優勝したほどの名のあるダンスの先生で、その助手としてダンスを習い、やがて自らも生徒に教えた。彼にとって重要な修行だった。先生に跡を継げと言われるくらい、この道での能力があったと手紙には書いてある。

僕は面会に行って、君が習いたいと言っていた「愛魂」はもう君の身についているよ、ダンスは愛魂と同じだから、君はダンスをしながら愛魂の修行をしたことになるよと伝えたかった。ちょうどその頃、僕は「愛魂とは舞いだ」と公言しはじめていた。次元転移なんていらない、踊ればいいいんだと気づいた頃だったから、面会してそのことを話すしかないと思った。

刑務所に行くとする。テレビドラマでしか見たことのないあのガラス張りの向こうに彼がいて、僕がこっちにいて、「入門を許可するけど、じつは君は愛魂をもう身につけているんだよ」と伝えようと思った。

「ダンスが愛魂なんだよ」

と。さらには、ガラスの向こう側に立つ受刑者に向かって「ちょっと一曲踊ろうよ」と言う。かっこよく、そうしようと思った。

電車も調べ、つい最近出版したばかりの僕の本も用意し、訪ねていく準備が整った。

そのとき、ふと何かのテレビ番組で見た刑務所への差し入れの状況を思い出した。たしか、どこの店で買ったものでもいいわけではない。刑務所のそばにある特別の許可を取っているお店の品物しか差し入れできないという。それでは、僕の本を持参しても差し入れとして置いてくるのはむずかしいことになる。

そこで、四国の刑務所で刑務官をしている僕の門人に電話で聞くと、「いずれにしろ面会は無理ですね」と厳しい言葉が返ってきた。「え、なんで？」と聞くと、刑務所に面会に行ける人は限られているとか。収監されている人が事前に面会人届を出し、その面会人届に書かれた人しか面会できない。そういう規則だという。だから事前に本人がそれを申告していない限り、突然行っても面会できるわけではないのだ。

困った僕が「あ、だめなの、じゃあどうすればいいの？」と聞くと、「手紙を出すしかありません」と教えてくれる。

そこで手紙を書き、入門を許可しますということになった。さらに、あなたが強かったのは、おそらくダンスをやっていたからでしょうとも書き添えておいた。当時出たばかりの『愛の宇宙方程式』（風雲舎刊）に手紙をはさみ、刑務所宛てに送った。

一週間後、返事があった。刑務官は手紙にも本にも目を通すようだ。受刑者が受け取った本も、当然彼らは読むらしい。刑務官は僕の本も読んだらしい。そういう規則ならそれは致し方ないが、もし可能なら刑務官のみなさんから僕の本についての感想を聞いてみたいものだ。

結局、彼はこの本も読み、返事には「出所したらぜひ入門させてください、お願いします」とあった。さらに、「二〇一三年の五月二十九日に出所します。友達が大阪で整体師をしてていて、自分も整体師をやろうと思う」とも書いていた。

僕は最初の手紙を読んだときから、出所したらすぐ彼に会いに行こうと思っていた。だから出所翌日、大阪に行った。目指す住所に着いたのは夜七時頃。彼の友達らしき人物が出てきて、「ああ、保江先生ですね」と笑顔で迎えてくれる。奥に向かって「おい、保江先生が来てくださったぞ」と小躍りしている。

そこで、初めて会った。驚いた、聖人君子のように、飄々と、淡々としている。ひと目でわかった。すっかり悟りきったようで、彼の人柄が透けてみえる。三人で出所祝いをしようと街に出て、「お務め、ご苦労さん」と労をねぎらった。

刑務所の中から外に向かって手紙を出すときには、決まった大きさの便箋七枚と決まっている。それが限度。ところが彼が書いてきたのは三十枚だった。規則上、七枚以上は捨てられる。にもかかわらず、あの手紙だけはなぜか許された。自分が尊敬するこの方に七枚では足りない、説明が足りない、なんとかお願いできないでしょうかと刑務官に懇願したという。刑務官はたまたま僕の本を読んでいる。特例中の特例だったらしい。ありえないことを刑務官は受け入れてくれて三十枚の手紙となった。

彼は模範囚。

彼が言うには、刑務所というところは人間をダメにする。刑務所の中で模範囚的な行為をとると、「いい子ぶりやがって、このゴマすりめ」などと、ほかの囚人たちから目の敵にされる。他の受刑者みんなに白い目で見られ、徹底的に意地悪され、結局、孤立して住みにくくなる。受刑者は最初、俺は生まれ変わろう、やり直そうとするのに、こうして引きずりおろされる。

ところが彼には持ち前の強靭さがあった。うかつなことで手出しはできない。加えてフルコンタクト空手の猛者ということで半端に手出しができず、なんとなく不気味な存在だった。彼だけは超模範囚をやってもそれが可能だった。小柄で、十七年間の刑務所暮らしの中で筋肉がゲッソリ落ちていた。その風貌にはそれやこれやを合わせて、刑務官にも与えていたに違いない、この男ならという安心感があった。

僕たちはまるで二十年ぶりに旧友と出会ったという雰囲気で盛り上がった。

肝臓癌と奥歯の痛みの関係

五月末、四国から岡山道場に五人の入門者がやってきた。その一人に「西式健康法」を教えているもの静かな人がいた。そういえば僕の家には、「西式健康法」とタイトルを付したよれよれの冊子があって、なぜか親父がそれを繰っていた。大して興味もないようなのに、なぜか親父はときどきページを開いて読み込んでいた。僕のイメージでは、親父でさえやっていたのだから関西ではわりとポピュラーな民間健康法なのだろう、まあ指圧にちょっぴり毛が生えた程度のものと思っていた。

その静かな人が「僕は西式健康法を教えています」と言う。彼によると、西式健康法を編み出した西勝造さんという人はもう亡くなったが、一般向けの表看板には指圧や整体などを掲げながら、その実、西先生は超能力的な面で大変な力を持つ人だったらしく、人の病気をやすやすと治したという。西先生は超能力で治し、その跡を継いだ一番弟子もやはり超能力で治すという。この先生は西先生が亡くなられてから後を受け継ぎ、トップになった。寡黙なその人はその先生にずっとついて西式健康法を習ってきたという。

僕が、ルルドに行ってマリア様に肝臓癌を治してもらったという話を切り出すと、「十年前の大腸癌はどのあたりにあったんですか」と彼が聞く。「S字結腸の近くだった」と答えると、「ああ、こっち側ですね。S字結腸のところの大腸癌は肝臓癌につながるんです。S字結腸経由で肝臓癌ができた人は、左側の奥歯が痛むのです」と何でもないことのように解説する。これにはこっちがびっくりした。それはルルドに行く前の僕の症状であり、その展開だった。僕の患部をずっと見てきたように、肝臓癌から左奥歯の痛みの関係をズバリ指摘する。

そこで、

「マリア様にお祈りしていたら全部なくなって、肝臓の痛みもなくなった。するとあれほど痛かった左奥歯の痛みも消えた。だから今では硬いものも噛める」

と伝えると、

「ああ、それは僕が習った西式健康法どおりの展開です。S字結腸と左の奥歯と肝臓はみんな同じなんです。それが取れたのはよかったですね」

と、事もなげに言う。

こういうことをスラスラ解説する人がいることにびっくりし、何より、そういう人たちが向こうから勝手にやってくる。

なぜだろう。

花崗岩の中のおいしい水

その四国からの入門希望者の中に、稽古中に何度も涙を流す人がいた。

稽古をつけても、最初はうまくできない。これはしかたがない。でも「愛するんだよ、相手を心から愛するんだよ」と、こっちも一生懸命になって教えた。ある時点でやっとできるようになった。本気で相手に迫って愛するようになって、彼は愛魂ができるようになった。

すると彼は、そのたびに涙を流す。悟りを開いた老師が涙を流すように、「すばらしいものです」と言って稽古のたびに涙を流す。

この人、変わっているなと思っていると、あとでわかったのだが、水を商っている人だった。涙は水だ。話を聞くと兵庫県在住の方で、鉱山会社に勤めている人だった。

彼の勤めている鉱山では本来は貴金属や希少な金属を掘っているのだが、ときとして馬鹿でかい花崗岩の塊にぶつかることがあった。ドでかい花崗岩は鉱山の掘削者にとって手ごわい相手。そこはもう掘れない。そこを放棄して別の穴に向かう。あるとき、ものすごくでっかい花崗岩にぶつかって、大学の先生を呼んで見てもらった。

先生は、「こりゃあすごいな、ひょっとすると、この花崗岩の中には大昔の水が入っているかもしれない」と言い出す。花崗岩を丸ごと破壊して撤去するのはまず無理。だからボーリングで穴を開けてみたらどうかということになった。水が出てくるなら、その水はすごいはずだぞと先生はおっしゃった。

鉱山会社勤めの彼は最近やや窓際組でどうせ暇だし、ボーリングの設備は何でもそろっている。

その花崗岩に穴を開けはじめた。ある程度掘り進めたところで、やっと水が湧き出てきた。有害物はないか、毒素がないか、身体に悪いものが含まれていないかと調べたが、ほんとうに透明な、清らかな水。試飲してみるとものすごくおいしくて、こんなおいしい水が悪いわけがなかろうと会社の上司に掛け合って、この水を売ることを提案した。

もちろんそのためには保健所の検査にパスしなければならない。検査をパスしたら売ってもいいということになった。保健所が調べにきて水質検査をした。すると、「まれにみる純粋な水で、ここまで混ざり物のない完璧な水はない」と太鼓判を押された。当然売っていいということになって、今流行《はや》りのタンクに詰めて、日本全国の希望者に売りだしてみようとなった。まだ名前はなく、宣伝経費をかけずに口コミだけでやっている。ただしこの水は、モーター付きのポンプでガンガン汲み出したらたちまち枯渇するので、一日に自然に出てくる量しか出せない。それを守っていれば、なくならないという。

送料を出してもいいから送ってくれという人が増えている。

「王の間」はなぜ花崗岩造りなのか

この鉱山会社の方が勢いづいて花崗岩について面白い話を始めた。

兵庫県の御影《みかげ》というところで取れた花崗岩は、いわゆる御影石《みかげいし》と呼ばれる石材のもととなったことで有名だが、古来、御影とは神霊のことで、花崗岩が御影石と呼ばれるようになったのは偶然ではないような気がするとこの人は言う。経験的にいうと、花崗岩というのはとにかく水をよく含んでいる。花崗岩に含まれた水は我々の生命を維持するのに必要な水なんだと彼は言う。花崗岩というのは非常に特殊な性質を持っていて、花崗岩に接すると水が変わる、とにかく水をよくしてくれる力があると力説する。

その話を聞いた直後にはピンとこなかったが、次の日の夜、僕はうとうとしながらあることに気がついた。

ひとつは、花崗岩に含まれている水は生命を育むのに大事な水であると彼が言ったこと。もうひとつは、去年の十二月二十二日から世界が変わるという直前に僕がエジプトに行き、ギザの大ピラミッドの「王の間」で、「ハトホルの秘儀」を行なったことだ。このふたつがなぜかピピッとつながって、ある疑問が浮かんだ。

王の間というのは、その部分だけが花崗岩でできている。ピラミッド全体を形成するのは花崗岩ではない。ところが王の間だけは、床はもちろん、東西南北の壁もそれぞれ一枚の大きな花崗岩で造られている。正式には赤色花崗岩と呼ばれる岩石で造られている。ところがピラミッドを形作る三百万個の石は、花崗岩ではない石を積み上げている。では彼ら古《いにしえ》のアトランティス人はなぜ王の間だけを赤色花崗岩で造ったのか。それが疑問として浮かんだのだ。

なぜ？

王の間にいたとき、それはまったく疑問に思わなかったし、気にもしていなかった。思い返すと、王の間はただやたら湿気が多く、壁に自分の額を密着させると、その湿気で額にぐっしょりと汗をかいた。ところが鉱山会社の方が、花崗岩は水をよく含み、花崗岩に含まれた水は生命を育むのに大事な水だと教えてくれたことを思い出し、赤色花崗岩で造られたという王の間で僕がハトホルの秘儀をやったということは、じつは大変な意味を持っていたのだと気がついたのだ。

「ハトホルの秘儀」は愛魂と同じだ

エジプト旅行でギザの大ピラミッドの中の王の間に入るとわかったとき、僕はずっと以前、禁書扱いになっているという『マリアによる福音書』に解説されていたハトホルの秘儀のことを思い出した。その福音書の「解説」には、三十代の青年イエスがマグダラのマリアと一緒にギザの大ピラミッドの王の間で互いの解放した魂を重ねることで「覚醒した」と伝えることが、その福音書の趣旨だったとあった。自分の身体から魂を解放して、相手の魂と重ねる。その行為の結果、覚醒したイエスが、後に奇跡と呼ばれる行ないを人々に与えることで救世主キリストとなった。

イエスが奇跡を行なったという部分は世界中のみんながよく知っている。問題はその前のハトホルの秘儀といわれる部分だ。

自分の身体から魂を解放して相手の魂と重ねる――待てよ、それは「愛魂」ではないか。僕がこの十年来苦労してやってきた愛魂そのものではないか。愛魂の極致がまさにハトホルの秘儀ではないか。自分の魂を身体から解放して、相手の魂をこちらの愛とともに包む――そう定義した愛魂のエッセンスを僕は自分自身に、道場の仲間たちに何十回何百回と繰り返し語ってきた。

「自分の魂を解放して、相手を愛するのですよ」

と。それが僕がずっと実験してきた愛魂だった。

だからエジプト旅行に旅立つと決まったとき、僕は、もしハトホルの秘儀をうまくやれたら、イエスが覚醒して救世主キリストとなったように、僕も覚醒できるのではないかと心中秘めた期待があった。これは必ずやってみよう、誰にも口外せずに、姪っ子にも伝えずに、これはぜひ実験してみなければならない、この旅行は千載一遇のチャンスだとひそかに決心していた（このあたりのことは拙著『伯家神道の祝之神事を授かった僕がなぜ』に詳しい）。

あのとき僕は西側の赤色花崗岩の壁に額をつけ、姪っ子は僕から四十センチか五十センチ離れて同じ壁に背中を付けていた。その状態でいつもの愛魂の稽古と同じように、僕の魂を姪っ子の魂に重ねようとした。

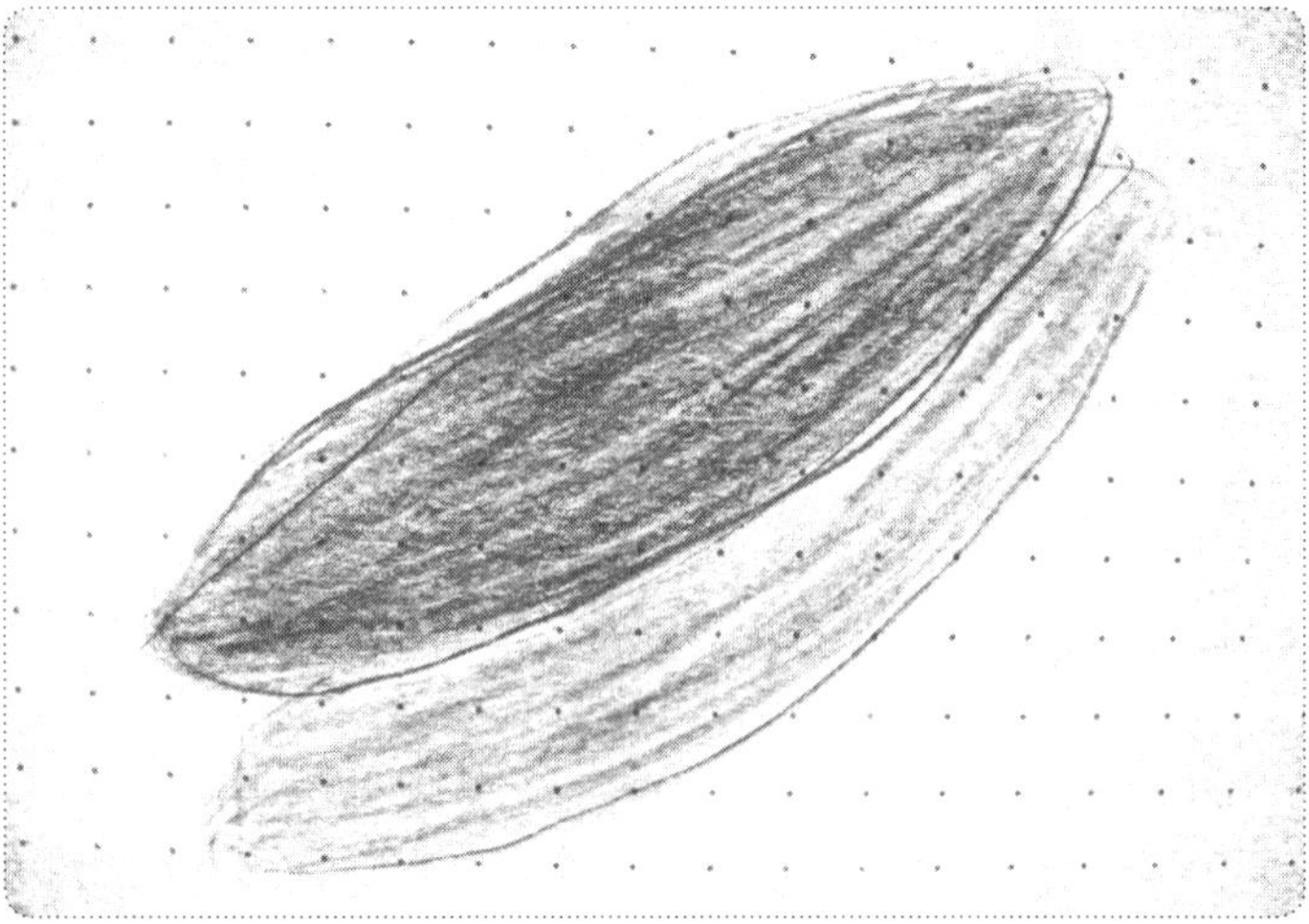

ふたつの魂の重なり

驚いたのは、あのとき二人の魂が花崗岩の中に入っていたことだ。僕の魂も姪っ子の魂も花崗岩の中に入り、花崗岩の中でふたつの魂が重なっていた。そういう現象が起きた。でも僕にはしかとはわからなかった。見る能力も知る余裕もなかった。

ところが日本に帰って二〇一三年一月になって姪に会ったときに、

「いやあ、じつはハトホルの秘儀というのをあのピラミッドの王の間でやったんだよ」

と初めて姪に打ち明けたとき、姪はこんなことを口走った。

「ああ、だからですか……」

それを受けた僕が、

「え、だからってどういうこと?」と聞くと、

「こんなふうに思えたのです」と言って、

持っていたノートに絵を描いてくれた（右上図）。

「自分の魂というかそんなものがピラミッドの岩の中に漂っていて、それに重なるように別の魂がいた。壁の岩の中で、わたしの魂と別の魂が重なるように動き回って踊っている……そう感じました」

魂を解放させる花崗岩の水

鉱山会社の方が教えてくれたのはこんなことだった。

花崗岩に接している水や花崗岩に溶け込んだ水は生きものの細胞の中に入りやすい水になる。だから飲めばおいしい。普通の水は細胞の中まで取り込まれない。花崗岩に接していたり溶け込んだりした水は細胞が喜んで取り込む。生け花に与えると、花は活き活きと長くもつ。人間が飲むと細胞の劣化を防ぎ、元気になる。

それを僕も考えた。

十年前に癌の宣告を受けその研究は中座していたが、王の間での出来事とつながって、ある考えが湧いた。僕はもともと物理学者、専門とするのは素粒子論とか量子論。それを使って脳の働きを理論的に研究していた。人間の心はいったいどういうからくりで生まれるのかを突き詰めていくと、いちばん大事なのが水だった。

細胞の中に水があり、その中のたくさんの水の分子が電磁場との相互作用で人間の意識作用が生まれるという説を弟子の治部眞里さんと発表していた。脳波を測定するとある程度人間の精神状態がわかるというのは、脳波は電磁場の変動だから。その研究は「量子場脳理論」という名前になって一時は世界的ブームになった。

神経細胞の細胞膜に接する水があって、その水は非常に秩序だった動きができるので腐らない。だから人間の身体の中にある水は七十年経っても腐らない。でも死んだらすぐに腐る。そういう細胞膜のそばや細胞の中の水は特殊な動きをしていて、ルルドの水のように腐らない。花崗岩の中の水も腐らないし、細胞に取り込まれやすい。それはたぶん同じ物理学的メカニズムが働いているからだと考えられる。細胞膜を作っているいろいろな分子、タンパク質や脂質、そのすぐそばの水、それが花崗岩という鉱物の中に沁み渡っている水とほぼ同じ秩序を持っている。

それでふと思いついたのは、人間になぜ魂が宿れるのかということ。犬や猫や草花では人間の魂は宿れない。こういう秩序だった水が大量に必要だからだ。つまり秩序だった水のあるところに魂は宿れるということになる。そうするとなぜギザの大ピラミッドの王の間はわざわざ花崗岩造りにして何の飾りもないのかという意味がよくわかる。花崗岩の中に水がある状況と、人間の身体のタンパク質の周囲にある水は、状況的に原理としては同じようなもの。花崗岩は硬くタンパク質は柔らかいという違いはあるが、容器として考えれば物理的にはほぼ同じ。

我々人間の魂というのは、この身体に宿っている。電磁場のなんらかの形態として飛び込んできたのが魂だとすれば、水さえあれば、魂は他のものにも入り込める。その観点からいえば、花崗岩はこの我々の身体を形成しているタンパク質に近いといえるから、やはり魂が入り込めるはず。

ギザの大ピラミッドの王の間だけがわざわざ赤色花崗岩で造られていたという理由は、王の間にいて、魂が身体から出れば、魂はいつでも赤色花崗岩の中に入ることができる。つまりそこは魂を解放しやすい場所ということになる。だから王の間は床も天井も壁も赤色花崗岩で造られていたのだ、という考えにたどり着いた。魂を解放しやすい場所として、ただその理由で、王の間が赤色花崗岩で造られていたのだ。

当時のアトランティス人、少なくとも造った王にはそれがわかっていた。わかっていなければわざわざ王の間だけを赤色花崗岩で造る必要がない。わざわざでっかい花崗岩を運びこむ理由はない。花崗岩には、よく水を含みやすいという性質がある、水を含んだ状態で、我々人間の細胞組織と同じになり、魂を受け入れやすい道具となることができる。それが生命を育むのに大事なものだとわかっていた。

だから日頃自分の魂を解放できない人でも、ギザの大ピラミッドの王の間に入ってしまえば、魂が出やすくなるのだ。そういうふうに思い至った。鉱山会社の方の花崗岩についてのひと言は、ピラミッドの秘密についてこうして僕の理解をさらに深めてくれた。

水に絡む人々

ルルドから帰ってからというもの、僕が出会うなかには水に絡む人がなぜか多い。ルルドはなんといっても水。そのせいだろうか、花崗岩の水という大事なヒントを与えてくれた鉱山会社の方、そして東京道場に来たプロのダンサーで「千年伏流水」を配っている東出さんという人もそうだった。どうも水をめぐる話が多い。何かが何かとつながるように、こうしてつながっていく。

鉱山会社の方や西式健康法をやっている寡黙な人を含め、四国からやってきた五人のグループは本来は四人の予定だったらしい。ところがその前日、一人が、アマゾンで僕の名前を検索して僕の新刊（『伯家神道の祝之神事を授かった僕がなぜ』）の予告を見たという。彼はタイトルの中にあった伯家神道《はっけしんとう》という文字を見て、知り合いの女性のことを思い出した。彼女はある神社で神様を見るようなすごい体験をして以来、宮司さんにたびたび呼び出されて神懸かり的なことができるようになり、重宝がられていた。その彼女を誘ったので五人になった。

彼女を見ると、すっきりした邪気のない女性だった。その顔を見て、僕は、ああ、この人なら伯家神道の方にご紹介してもよさそうだと思うと申し上げた。すると彼女は、「はい、ぜひ行きます」と大いに乗り気だった。さらに聞いてみるとその五人が五人ともＵＦＯがらみの人だった。みんなＵＦＯを見ていて、なかには、友達がＵＦＯの中まで吸い上げられたという方もいた。揃いも揃ってそういう五人だった。

稽古後、新しい世界の話になった。

それぞれの事情を聴いているうちに、つまりこの新しい世界では、僕のところには水やＵＦＯにつながる人やダンスをする人々がやってくるようだと気がついた。頼ってくるというのではなく、なんとなく寄ってくる、なんか惹きつけられてやってくる感じだ。

そうするとまた僕のほうでも、さらに何か新しいものを発見し、それぞれの人にも新しいつながりが生まれる――そんな感じなのだ。この新しい世界というのはなんとなくそういうスピリチュアルなネットワーク、目に見えないネットワークが強く働いている。これまでだってあったかもしれないが、ここまであからさまに、かつ強烈ではなかった。それがものすごく強い。

とくにルルドから帰ってからそうだ。それが急加速して、いろんな人とのつながりがトントンと急速に生まれている。

これまでの世界ではそれぞれが孤立していた。ところが最近ではつながりが見えなかったいろんなことが、こっちにもあっちにもつながっている。つながりが濃くなった。密接につながっているようなねちっこい世界。

今まではさらりとした淡泊な世界だったように見えたのが、新しく変わった世界では、ことそこが、あれとそれが、まことに緊密に濃厚につながっている。つまり宇宙の中のつながり、蜘蛛の糸のようなネットワーク、そんなものを明白に提示してくれる世界になっている。偶然の一致といったものではない。いったん事があると、必要なことがすっと寄ってくるようなつながりだ。

そのことに僕自身が驚いている。

始まりはハトホルの秘儀だった

二〇一二年の十二月二十二日からいろいろ変わったことが起きて、いろんな人が訪ねてきた。向こうからやってきて、僕はだんだん気がついていき、僕の認識もしだいに変わっていった。日夜、何かがふとわかってくる。この変化は何だろう、これはいったいどこから来ているのだろう。それをさかのぼっていくと、やっぱりエジプトのピラミッドの中からだと思った。王の間でハトホルの秘儀をやってから、何かが本質的に変わっていった。

そういえばあのギザの大ピラミッドの王の間には忘れられない出来事がある。僕が王の間でハトホルの秘儀を試みていたいちばん大事な瞬間に邪魔が入った。この人は同行した日本人の一人で、なぜかいつも僕の邪魔ばかりしていた。千載一遇と考えていたハトホルの秘儀をやろうと思ったときも、この人はいつの間にか僕と姪っ子の二人の間の狭いところに割って入って実験の邪魔をした。

実験はイエスとマグダラのマリアのように心を許した二人の人間の間で行なわなければならない。その間に余人が入り込むのでは実験にならない。本人がそれを知っているかどうかはともかく、彼は二人の間に割り込んできた。邪魔に気づいた僕は、「あ、これで失敗した」と落胆していた。

ところが翌朝、僕を探して、どうしてもあるメッセージを伝えなければならないとやってきた女性がいた。このツアーで一緒だった井口まどかさんという女性だった。彼女は神様の声を聞く人だった。彼女が語ってくれた内容を聞いて、僕は仰天した。なんせ神様から、

「ツアーで一緒の男性がピラミッドの中で秘儀をやろうとして、本人は邪魔されて失敗したと思っている。しかしうまくいった。そのことをその男性に告げなさい」

と命じられたというのだ。そして、

「いつでも好きなときに高次元でピラミッドの王の間につなぐことができる」

とも。

神様の言葉を聞くというその女性は、大事な神のメッセージを受け、必死に僕を探して、そう伝えてくれた。

あのとき、僕は何のことやらピンとこなかった。

その後、「次元転移」と名付けて、入試のときにちょっとやってみたらすごい出来事があり、ひょっとしてこれは愛魂と同じ活人術ではないかと道場でもやってみた。すると同じようなものすごい効果が現われた。ピラミッドでハトホルの秘儀を受けて次元転移を知り、これは実在する、これはすごい効果があるんだと実感するようになった。

僕の変化はたしかにあれ以降だ、僕の周りに不思議な出来事が起きるようになったのは。二〇一二年十二月二十二日からいろいろ変わったことが起きて、いろんな人が訪ねてきた。向こうからどんどんきて、僕もだんだんそれに気がついていって、僕の認識もだんだん変わっていった。

日夜、何かがふとわかってくる。

この変化は何だろう。

これはいったいどこから来ているのだろう。

それをさかのぼっていくと、やっぱりエジプトのピラミッドの中からだと思った。王の間からだ。ハトホルの秘儀をやってから、何かが本質的に変わっていった。

いったいこの先、どうなるのだろう。

《第五章》

連鎖調和の時代

アトランティスの心

帝国ホテルの会場を王の間につないだときに、「日本エドガー・ケイシーセンター」の会長さんが遅れて到着した。僕の行なった次元転移で会場が沸いていたこともあって、会長さんがピラミッドに関してエドガー・ケイシーのリーディングの話をしてくれた。

お話によれば、エドガー・ケイシーが超能力で読み解いたのは『アーカーシャ年代記』に記録されたアトランティス大陸の出来事だった。

ギザの大ピラミッドを作ったのはアトランティスの王に当たるトートという指導者だった。彼はアトランティスの崩壊を予知していた。この大陸が海の藻屑となって消える。高度に発展した科学と人間叡智の結晶したこの文明、大自然や宇宙のリズムと調和したこの文明が海中に沈む。自分もアトランティスとともに沈む。なんということだ！

死後、自分はイスラエルの地でイエスとして転生する。ただし転生したばかりの自分は今のように覚醒していない。だからギザの大ピラミッドの中に自分が覚醒できる仕掛けを作った。転生した青年イエスはマグダラのマリアに連れられて三十代前半のときにギザの大ピラミッドの王の間に入り、そこでハトホルの秘儀を行なう。秘儀によって再び覚醒したイエスはやがて救世主イエス・キリストとなる——というのが会長さんのお話だった。

それを聞きながら、僕が行なったハトホルの秘儀や次元転移もたぶんそれと同じものだろうと感じていた。人間イエスはピラミッド次元転移を授かって、いつでも好きなときに高次元で自分とギザの大ピラミッドの王の間をつなぐことができた。かくして覚醒したイエスは救世主イエス・キリストとなり、人々を治したり死人を蘇らせたりしたのだろう……と僕は思っていた。

会長さんのお話はまことにユニークで面白く、僕は耳を澄ませて聞いていた。それはそれで当を得ていると思いながら、一方で、ピラミッドを作った本来の目的は何だったのだろうと別のことを考えていた。

アトランティスは優れた科学と倫理観をもつ、調和のとれた偉大な都市国家だったといわれる。それが一夜にして海中に沈み消滅した。それを予見していた指導者トートがアトランティス文明のすべてを残すためにピラミッドを作ったとすれば、自分を覚醒させる装置のほかに、何か別の目的があったに違いない。いやもっと大きな目的があったに違いない……僕の頭をよぎったのはそういう疑問だった。ピラミッドは何万年たっても崩れない。原爆が落ちても大丈夫だという。それを前提に作ったとすれば、その中にはアトランティスのあらゆる貴重な情報が入っているに違いない。そもそもなぜピラミッドに秘められたものが「アトランティスの心」と呼ばれているのか、僕の疑問が解ければ、その全容も見えてくるに違いない――そう感じていた。

ピラミッドのいちばん上にはキャップストーンという尖った石があったはず。今は失われて消えてしまったが、あのキャップストーンにはある秘密が仕組まれていたといわれ、大昔、どこかの王様が持ち去ったという。またピラミッドのどこかにはエメラルドタブレットという、エメラルドが飾りつけられた金のタブレットがあって、そこに文字が刻まれていたという説もある。そこには日本の「カタカムナ文字」が刻まれていたという話もあった。カタカムナ文字というのは旧石器時代末期に存在したとされる円と直線で記された神代文字のこと。その文字を使用していた「カタカムナ文明」が楢崎皐月《ならさきこうげつ》氏によって提唱された（左ページの図参照）。タブレットはある秘密組織が保持しているとか南米のある場所に隠されているとか、その行方についてはいくつかの説が残っている。しかもそこに書かれていた内容はすでに解読されているという説もけっこう広まっている。

とはいえエメラルドタブレットはたかだか数十枚の金の板にすぎない。そこにカタカムナ文字のようなもので書かれたとしても、アトランティス文明のすべての倫理と科学のエッセンスがその板に書き込めるとは思えない。豊かな文明の概要すべてがそこだけに刻み込まれたとは考えにくい。恐らくエメラルドタブレットに書かれている内容は、アトランティスの心の読み方やそのデータバンクの引っ張り出し方、そうしたとっかかりが記されていたので

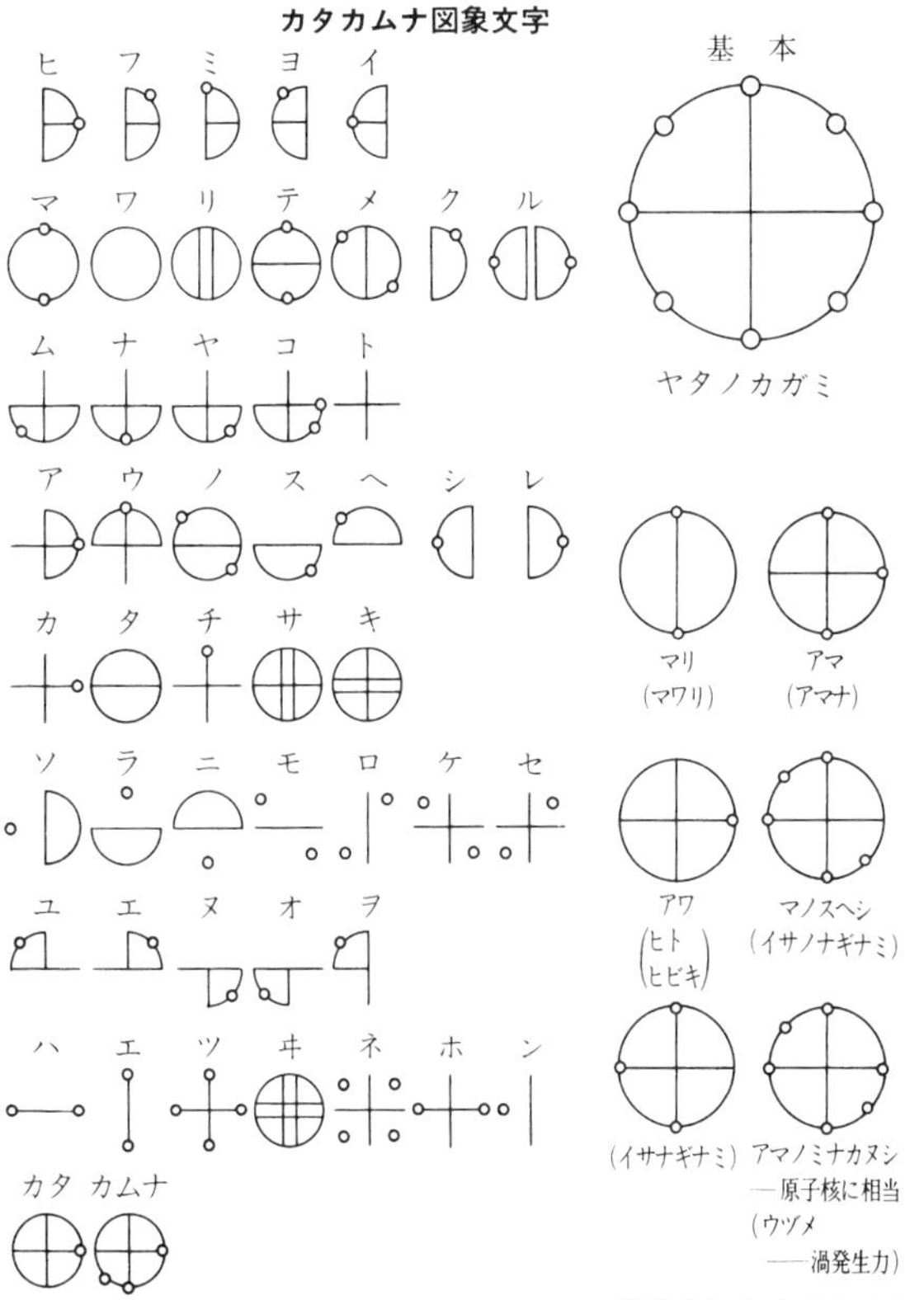

解読されたカタカムナ図象のいろいろ

『謎のカタカムナ文明』(阿基米得　徳間書店) より

この文字によれば僕の名前は以下のようになる。

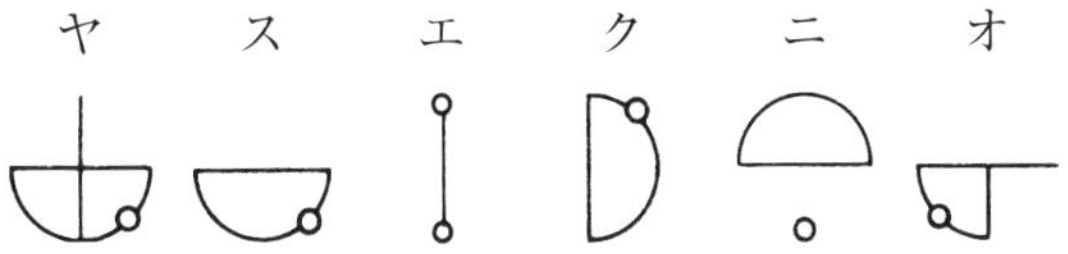

はないか。いわばガイダンス程度のものではないか。それが後世のエジプトの神官たちにわかるような簡潔な言葉で書かれていたのではないか……僕はそんなふうに想像していた。

ではアトランティス文明の膨大なデータバンクをトートたちはどこに置いたのか。そのとき思ったのが、その昔、必死になって研究していた「量子場脳理論」の考え方だった。簡単にいうと、脳の中でいかにして人間の意識が生まれるか、それには調和のある運動をする水の存在が絶対条件だった。

そういう水がある場とは？

アトランティスのデータバンク

くりかえし書いたが、ギザの大ピラミッドの王の間はなぜかそこだけがわざわざ赤色花崗岩で造られていた。なぜそこだけなのか。

王の間に実際に入って感じたのは、ものすごい湿気だった。額から汗がピチャピチャ出てくる。その程度の汗は、広大な砂漠の中に鎮座するピラミッドの石にすぐにも吸い込まれていくと思っていたら、むしろ逆だった。ひどい湿気だと感じると、さらに余分に汗が出てくるような感じがした。つまり乾燥しきった砂漠にあるピラミッドの王の間は、水が豊富だった。

僕が思い当たったのは、ああ、なるほど、ピラミッドの中の巨大な赤色花崗岩の塊《かたまり》は水をたっぷり含んでいるのだということ。すると僕と冶部さんがかつて研究した「量子場脳理論」のように、ここには人間の意識も入っているのではないかというヒントが湧いてきた。つまりここは、僕ら人間の脳と同じ意識や記憶の入れものなのだ、器としては脳と一緒なのだと。意識や記憶を入れる容器として考えると、人間の脳も赤色花崗岩の塊も同じ容器と考えられる。すると赤色花崗岩造りの王の間はピラミッドの巨大な脳ということになる。そう考えれば、その脳の中に大事なものをしまうことができる。アトランティス文明の最も大事な部分、すなわちアトランティスの心が格納されているのではないか。想像を絶するほどのアトランティス文明の膨大なデータがそこに入っているのではないか……と思いついた。

もしそうだとすればアトランティスの心、その文明のすべてが今なおそこにある、ずっとあり続けている。

これはすごい！

あの場に行って僕がたまたま姪っ子相手にハトホルの秘儀を実験した。僕の魂も姪の魂も花崗岩の中に入った。つまりアトランティスの心に混ざっていた。僕らの魂があの中に混ざることで、僕らはアトランティスの大事な心を吸収した。

でも邪魔が入った。僕は怒りを押し殺し憤然とその場を立ち去った。

そのとき、王の間から出て行こうとしていた別グループの東京の女性に神様の声が聞こえてきた。

「怒るな、失敗していない。うまくいったと伝えよ」

「いつでもピラミッドの王の間に高次元でつなぐことができる」

彼女に告げた神様の声は、まだピラミッドの回廊の中にいるときに聞こえてきたという。ということは、それを彼女に伝えた神様とはアトランティスの心ではないか。アトランティスの心が彼女に「これを伝えよ」と告げたのではないか。

たとえば僕がピラミッド次元転移をして、今いるこの部屋をギザの大ピラミッドの王の間につなぐとする。最初、僕はその意味を、高次元でつなごうがこの部屋と隣の部屋をつなごうが、つまりある空間と別のある空間をつないだとしても、別にそこに行けるわけでもないし何の意味もないと思っていた。

ところがあっと気がついた。

つなぐことで、僕のいるところにはアトランティスの心が来る。そうか、僕がいるこの部屋と王の間を高次元でつないだら、アトランティスの心がこの部屋にやってくるんだと。調和のとれた豊かなアトランティス文明のすべての情報がこの部屋にやってくる。優れた科学と倫理性が特徴だったあの文明がやってくると、頭もよくなるし、まっとうで人間的なやさしい気持ちにもなる。部屋の中は、そこにもここにもアトランティスの心が満ちている。その心で今この部屋にいる僕が物事に対処したら、賢明な方針を提示し、調和のある、ハーモニーのある場が生まれるだろう。

つまりアトランティスの心を自分の場に引き寄せることができる――それがピラミッド次元転移のカラクリだった、それが本質だったと、やっと気がついた。

たまたま二十年前に助手だった冶部眞里さんがそういう研究をしたいというのでしかたなく引き込まれた「量子場脳理論」がこんなところでピタッと合致した。

もうひとつ気がついたことがある。

いま発見されている王の間は、ピラミッドの正面から向かって左側にある。人間でいえば右側、つまり右脳に当たる場所にある。その反対の左脳側にも同じくらいの大きさの空洞があることが電磁波レーダー等による探査でわかっている。こちらはまだ開けられていない。たまたま見つかって人間たちが入っていけるようになった王の間が右脳だとすれば、左脳側にも同じような空間があって、たぶんそこが開かれたら、もっと左脳的な、もっと理屈っぽいアトランティス文明の科学性が格納されているに違いない。アトランティスの心の科学的、実証的な部分はそっちに入ればわかるに違いない。僕が入った右脳側はまさに右脳的な、感性的な、ぶっ飛んだ世界だった。だから僕と姪っ子がそこに入りハトホルの秘儀を行なったあとに、僕の周りではぶっ飛んだ現象が生み出された。もし左脳側に入ることができれば、同じようにアトランティスの科学の粋を集めた最先端の事例がいくつもいくつも閃くのではないか。

そんなふうにあらゆることがピピッと連鎖調和的につながった。まさにピラミッドはアトランティスの脳であり、心なのだ。

これはすごい！

レムリアの心

これからどうしなければならないか――ピンと閃いたことがあった。

アトランティスの指導者は、その情報のすべてをアトランティスの心としてピラミッドに残した。それは各地の伝説、文献にもちゃんと残っている。エドガー・ケイシーもそういうリーディングを残したという。

では、アトランティスと同じようなレムリア文明、あのムー大陸の場合はどうだったのだろう。レムリア文明も沈む前に、その指導者がレムリアの進んだ文化・文明を残しているといわれている。どこに、どのように残したのか。レムリアの心の置き場所はピラミッドのような永久不滅の建造物ではなかった。なんとクジラとイルカの脳の中に残したという。むろんクジラ一頭では入らない。イルカ一頭でも当然入りきれない。彼らレムリア人はクジラの集団とイルカの集団に自分たちの記録を残したのだという。

アトランティスの心を読むには、王の間に行ってハトホルの秘儀を行なえばいい。ではレムリアの心を読むにはどうするか。レムリアが沈んだといわれるあたり、ハワイ諸島やポリネシア諸島などの、クジラとイルカがいっぱい泳いでいる海に行って彼らのささやきに耳を傾ける――これだ、これしかない。そこまで行って一緒に泳ぐ。一緒に泳ぎながらハトホルの秘儀を行なえば、レムリアの心が読めるはずだとわかった。

ハワイ諸島近辺に残っていた古い時代からの独自の宗教ホ・オポノポノなどはたぶんレムリアの遺産ではないかと考えられる。そうしてレムリアの心を読めば、人類の魂が地球にやってきてからのふたつの大きな節目、アトランティスとレムリアの心を読めば、人類の魂が地球にができる。アトランティスとレムリア、この二大文明の心が解明できたら、たぶん人類史の根源的なものすべてがわかるだろう。僕の役割はその解明に違いない。それをやり終えたら、この星での任務から解放されて、たぶん自分がやってきた故郷のアンドロメダ銀河の星に戻れるような気がする。

そんなことをぼんやり考えていると、ハワイですでに僕の本を読みながら集まっているグループがあることが判明した。彼らは僕が提唱した愛魂を学んでいた。その中にはアメリカ人と結婚した日本人もいればアメリカ人もいる。そういうスピリチュアルなことが好きな方々が僕の愛魂の本を読んで、いつかは僕をハワイに呼びたいと思っていたという。たまたまその中の一人が、東京に戻ってきた際に道場にやってきて、とにかくいつか近い将来、ハワイにきてもらえないかと依頼された。大学の夏休みなら可能ですよと気軽にご返事したのだが、ここでもトントン拍子にまた連鎖調和が起きた。気がつけばハワイに行く状況に追い込まれ、レムリアの心はクジラやイルカの脳の中に入っているという知識が入り込み、ああやっぱりハワイなんだと気づく。クジラやイルカと対話する必要はない。ただ一緒に泳げばいいと最近読んだ本に書いてあった。

同じ頃、僕の身の周りではあることが並行して動いていた。

僕の一連の書物、『魂のかけら』（春風社刊）や『愛の宇宙方程式』（風雲舎刊）、『伯家神道の祝之神事を授かった僕がなぜ』（ヒカルランド刊）の内容を紹介したことのあるアメリカとフランスの友人が、これは面白いから英語版とフランス語版にしようと提案してきた。僕はいい加減に、「ああ、いいよ」と返事をして、誰か英語のよくわかる人かフランス語の達者な人に翻訳してもらえばいいと思っていた。ところが詰めてみるとそういうわけにもいかないらしい。外国語に翻訳するにはスピリチュアルな部分が多く、そのニュアンスがむずかしいらしい。おいそれと適任者が見つからなかった。

ところが門人の知り合いにアメリカ人のスピリチュアルなチャネラー、ボブ・フィックスさんという人がいて、彼はタイ在住だが日本でもよく講演をしているという。彼の著した悟りの入門書『クォンタム・エンライトメント　超人生のススメ——量子的悟りのためのガイドブック』（伯井アリナ訳　ナチュラルスピリット刊）があり、その中に僕と治部さんの量子場脳理論についての解説が詳しく書かれていた。

その翻訳兼解説者伯井アリナさんは若い女性で、けっこう量子場脳理論について的を射た表現がある。おや、この人はと思って調べてみると、京大大学院で中世フランス宗教哲学専攻、つまり宗教、カトリック専攻の方だった。この人に翻訳していただきたいと思ってご連絡すると、英文を日本語に翻訳するのが仕事だがその逆はできないという。

いろいろあったが、何度もお願いして結局一年越しの仕事が終わってからと、ようやくオーケーが出た。本業の翻訳の片手間に、ちょっとずつやってくれるということになった。その彼女から最近翻訳したという本が二冊ほど届いた。そのひとつが『キラエル——レムリアの叡智とヒーリング』（フレッド・スターリング著　伯井アリナ訳　ナチュラルスピリット刊）という本。パラパラ読んでいくと、僕の疑問に答えてくれるものがあった。

レムリアの指導者はレムリアが消失する前にレムリア文明のすべての情報をイルカとクジラに残したとある。アトランティスがピラミッドに残したのは、ピラミッドは何万年経っても崩れないからという発想だった。レムリア人も何万年経っても代々生き延びていくのはクジラとイルカだと考えたらしい。それもひとつの魂ではなくて、群れ。代々受け継いでいくクジラとイルカ全体の魂、トランスパーソナルではなくてトランスホエールの魂、さらにトランスドルフィンの魂に残したと。さすが、これもすごい発想だ。

僕はものぐさ人間だからレムリア文献をあれこれ首っ引きで調べたわけではない。こっちに疑問があって、うーん、どういうことかなとぼんやり考えていたら、別の線から答がやってきた。そういう連鎖調和があってそのアイディアが入ってきて、なるほどと合点がいった。

こうしてハワイ行きが僕の行動スケジュールにインプットされた。

イルカと泳ごう

ハワイに行ったら、クジラやイルカたちと一緒に泳ごう。

そういえばイルカと泳ぐ人は、みんなどこか違う。同じ海のスポーツといってもダイビングやサーフィンとも違う。ヨットやクルージングでもない。なんとなく物欲に飽きたような人たちが遊ぶもうひとつ上のレベルのスポーツかと思っていた。その中には病気治しの人もいるに違いない。一緒に泳ぐことで自閉症の子が治ったという話も聞いたことがある。なにより気持ちがいい、心がゆったりするという。

こういうふうに、あることがあるところに連鎖調和でつながって、別のところで同じような現象が起きていく。ムダな球はない。あくせく努力することもない。ひょいと何かを思いつくとオセロゲームのように、残りがパパパパと裏返っていく。それはあくまで僕の視点からの動きだが、他の人にもそれぞれみんなそういうことが起きているはず。この新しい世界ではそういうことが頻繁に起きているのではないかと僕は強く感じている。

それがはっきり見えていないとしたら、たぶんその人は自分の固定観念やエゴにこだわっているのではないかと僕は思う。そのこだわりや躊躇がオセロをパチンと押せないでいるのではないだろうか。自分の固定観念にびっしり凝り固まっている人には余計なものが入らない。隙間がなければ何物も入り込めない。連鎖調和の波だってそんなところは避けて通る。

だからぼんやりする。放念する。頭の中をいつものルーティンワークから解き放つ。

僕はよくそんなふうにしてぼんやりしてきた。ヒントやアイディアが来るときもあれば来ないときもある。それでもいい。ぼんやり過ごす。何かがひょいとやってくるかもしれない。それを自由に泳がせる。何かになるかもしれない、ならないかもしれない。あるヒントはちょっと僕の気をそそりながら自分でボロを出して消えていく。何かに成長するヒントは勝手に大きくなる。そんな時間を僕は大事にしてきた。

たとえば僕のこんな与太話を、ふーんといったん受け入れてみる。納得しなくてもいいから、チャンスがあればイルカと泳いでみる。チャンスがあればピラミッドの中に入ってみる。それをきっかけに、アトランティスの心に触れ、レムリアの心に触れられるかもしれない。ハトホルの秘儀は、たぶんその道具なのだ。

たぶんあれ以来、連鎖調和はどんどん起きている。人から人に。

あれ以来、僕は何をしなくても、ただそこにぼやっといるだけでアトランティスの心がくっついてきていると感じている。もし僕が日々若くなっているとしたら、向こうからくっついてきているせいだ、アトランティスの心が滲み出ているせいだと、勝手に思っている。

あれは練習ではなかった。信じたから身についたのだ。ちょっとでも疑っていたらついてこなかった。信じるに足る現象があったから信じたのだが、ほんとうに信じたらついてくるはずだ。「信じる者は救われる」はやはり至言なのだ。だから僕は楽に生きている。

道場の稽古でも努力はいらない。以前はけっこう努力して心配していた。不安もあった。今はない。そういえば道場の雰囲気も大きく変わった。努力する必要がないというくらい楽なことはない。自然にうまくいく。

なぜか講演を頼まれる回数が増えた。でも何の努力もしていない。頼まれた場所に行って口を開き、口を開けばあとは言葉が勝手に出てきて、どんな時間でもドンピシャ終わることができる。

UFOを求めて

僕には僕のスタイルがあって、まじめに何かしているというスタンスが大嫌い。すべてがお遊びだよというスタイルが好きで、自分でまじめに求めたのはUFOだけだった。

小学校二年のときに見たUFOはオレンジ色の葉巻型で、西から東にゆっくりと動いていた。中学生になってたまたま見た「UFOと宇宙」という雑誌の最後の読者投稿ページで同じような写真を見て、岡山上空、何年何月何日とあったので自分が見た日と一致して、僕はこれだと思った。

八年前に道場を作って、だんだん一般の人も来るようになり、しばらくして神戸の超有名進学校の物理の先生が習いにきていた。京都御所近くの幼稚園に通っていた頃、夕方西から東にオレンジ色の葉巻型UFOが飛んでいるのを見たという。そのときの年月日を聞いてみると僕が小学二年生のときに岡山から東に向かっていった同じUFOを京都で見ていたことがわかった。今、彼は神戸の道場長をしてくれている。

UFOと聞くとアメリカにもどこにでも飛んで行った。一九九八年頃にはUFOを追ってセドナまで行った。ジョセフソン効果でノーベル賞を取ったブライアン・ジョセフソンと、車椅子の宇宙物理学者ホーキング博士を指導してきた物理学者のロジャー・ペンローズの二人に誘われてパワースポットのボルテックスを見に行ったときのこと。運転手兼ガイド氏がみんなに突然裸足になれと言う。何が何やらよくわからないけど、砂漠の真ん中で暑いし、サソリやなんかがいるだろうから僕は裸足にならなかった。

ジョセフソンはさっと靴を脱いで裸足になった。ガイド氏が、ほらね、足の裏に感じるでしょうと言う。立っているところはボルテックスの中心だから敏感な人にはわかりますよと。ジョセフソンは、うん、足の裏にビリビリくるとうなずいていた。彼は毎日瞑想しているからわかると得意げだった。ガイド氏は喜んでいたけれど、隣のペンローズは、焼けた砂漠の上に裸足で立ったら誰だってピリピリするよと僕の耳にそっと憎まれ口をたたいた。昼も夜もUFOを求めて空を見上げていたが、残念ながら何も出てこなかった。このときの呼びかけにはまだ応えてもらえなかったのだ。

でも去年の暮れ、岡山の蒜山《ひるぜん》高原でやっとUFOを呼ぶことができた。そういえば世の中が変わったという昨年の暮れ以来、やたらとそれらしいのが出てきた。定かではないが、新幹線の窓越しにそれらしき物体が僕の乗る車両を追いかけるようにずっとついてきたことがある。UFO人間とやたら出会う。ふと気がつくと身のまわりはUFO人間だらけになっている。

するとときどきＵＦＯを見ているという人が現われた。それも僕の大学の同僚。夕方散歩しているとＵＦＯらしきものが見えるという。「へえ、そう」と適当に相槌を打っていると、合気道部の学生が、半年前くらいからかなりの頻度で毎週木曜の夜八時ごろ、自宅の庭からＵＦＯが見えると言い出した。ある夜、家族と見ていると、近所の顔見知りのおばさんが通りかかって「何しているの」と聞く。これこれでと答えると、「あれね、二年くらい前から毎週木曜日に出ているの」と。近所の人には周知の事実で知らないのはどうもその学生だけだったようだ。もちろん学生には「今度出たら必ずオレに電話してくれ、見に行くから」と厳命した。

つい二カ月ほど前の木曜日の夜八時半、「先生、出ました！」という電話。急いで車で駆けつけ、彼女の家の庭に回った。いた！　青緑色の棒状の長い物体が上下に回転している。回転しているので、短くなったり長くなったりする。かなり上空にずっと浮いている。下に薄い雲が流れているのでときどき雲に隠れる。この間一時間くらい。途中いなくなった。みんなで呼ぶとまた出てくる。厚い雲が出ると見えなくなる。レーザー光線だったら雲に反射して見えるから、あれは絶対に地上から投影している現象ではない。

やっと僕も堪能できた。

ホピの伝説と遠藤周作

木曜日の夜に出現するＵＦＯについては、その後も学生や教員たちの間で話題に上ることがあった。木曜日の夜に限られるということは、ひょっとするとアメリカ軍の関係で動いているのではないかという意見も出てきた。アメリカ軍の平時作業パターンというのは土日を休みにしているため、月曜日から水曜日までの三日間を準備作業にあて、木曜日に本作業を実施し、金曜日に終結作業をすることになっているとか。だから木曜日になんらかの飛行実験作戦が実行されることが多くなるという。そんな話が飛び交ってひとしきりＵＦＯ談義に花が咲いた。

ところでその木曜日のＵＦＯを何回か見てしまった同僚だが、こんなことを教えてくれた。彼の研究は遠藤周作とキリスト教文学。遠藤周作が『白い人』で芥川賞をとった直後に発表した作品が『黄色い人』。その小説の中に、遠藤周作研究家にとってはずっと謎となる部分があったのだという。この作品には冒頭に、こんな童話がエピグラフとして置かれていた。

神さまは宇宙にひとりでいられるのがとても淋しくなられたので人間を創ろうとお考えになりました。そこでパン粉を自分のお姿にかたどってこねられ竈《かまど》でやかれました。

あまり待ちどおしいので、五分もたたぬうちに竈をおあけになりました。もちろんできあがったのは、まだ生やけの真白な人間です。「仕方がない。わしはこれを白人とよぶことにしよう」と神さまはつぶやかれました。

こんどは失敗にこりて、うんと時間をかけることになさいました。すこしウトウトとされているうち、こげくさい臭いがします。あわてて蓋をおあけになると、真黒にやけすぎた人間ができているではありませんか。「しまった。でも、これは黒人とすることにしよう」

最後に神さまはいい加減なところで竈をひらかれました。黄いろくやけた人間が作られていました。「なにごとも中庸がよろしい」神さまはうなずかれました。「これを黄色人とよぼう」（童話より）

この童話を冒頭に置き、著者が最後に語るのは、白人の中でのキリスト教というイメージにはある固まったものがある、それをそのまま黄色人種である日本人に持ってきてはダメだということ。生焼けの白人にはあのキリスト教でよいが、完成した黄色い人である日本人に同じ布教のしかたではいけない。完成した黄色い人には完成したキリスト教をもってこないといけない。これが遠藤周作のキリスト教観だという。『沈黙』のモチーフもそうだし、遠藤周作はそれを追求した作家だというのが同僚の考えだった。遠藤周作は普通のキリスト教を布教しようとした日本カトリック教会からは敵視されて、葬式も上げてもらえない異端者扱いだった。

遠藤周作の文学を研究している人たちにとっての謎は、そんな童話がどこかの部族の神話として存在したことを遠藤周作は知っていたのか、あるいは遠藤自らが創作したストーリーなのか、それがこれまでわからなかったこと。

ところが彼が指導している大学院生にわりとスピリチュアルなことが好きな女性がいて、たまたまセドナに住むホピ族の物語にそれがあることを見つけた。遠藤周作を研究している同僚はその大学院生と一緒に論文を書いて発表することになったという。

こうしてホピのことがなんとなく身近な話題になった。僕も以前からホピ族に興味があって、セドナに行って彼らと対話した懐かしい思い出もある。セドナとホピ族——こういう流れが来ているのかもしれない。そう、ＵＦＯがらみで僕が気づくことができた連鎖調和にはこんなこともあるのだ。

新しい愛魂上げ

新しい次元世界になってから、道場の稽古で新しい愛魂上げをやってみた。

「あんよは上手」というニューバージョンだ。

愛魂とは、ただひたすら相手を愛することだ。自分の魂を解放し、自分の魂で相手の魂を包み、ひたすら相手を愛する——すると相手の心の中の攻撃心が失せてしまい、相手はそこでストンと倒れるという技だ。この中でいちばん厄介なのは、相手を「愛する」こと。これがむずかしい。今組んだばかりの相手をどうしたら「愛せる」のか。だいいち何をもって「愛する」といえるのか。ついつい余計なことを考えてしまうから大概うまくいかない。どうしたらうまくいくか、ふと出てきたものが「あんよは上手」だった。

まず相手が正座する。僕は相手の手を取り、「あんよは上手」とつぶやきながらスッと相手を立たせる。これで見事に立つ。以前からやっていた普通の愛魂上げよりも簡単に立つ。そのポイントは母親がよちよち歩きする赤ちゃんの手を持って「あんよは上手」と言いながら赤ちゃんをスッと立たせるという方法だ。赤ちゃんは母親の愛情が注がれているからスッと立つことができる（次ページ写真参照）。

よちよち歩きの赤ちゃんは自力では立てない。そこで母親が手を添える。そのとき母親が放つすべての愛の動作や感覚が愛魂だ。わが子の魂をわが魂にくるみ、わが子を愛のオブラートで包む。それが愛魂のエッセンスだ。だからこの「あんよは上手」で、大の男でもスッと立てる。この新しい愛魂上げをやっていくうちに、とても大事なことに気がついた。

母親が子どもを産むときからずっとやっているように、人間はあらゆる場面で、知らず知らず本能のままに愛魂を活用しているのだということを。

野口晴哉先生も整体協会を創立して人間が持つすばらしい力の数々を示していったが、弟子にも裏切られ、結局、最後に信じられるのは母親の赤ん坊に対する気持ちだけだと気づいて産院を開いた。彼の本を読むと、母親の気持ちを感じてほんとうに赤ん坊はポンと音を立てて飛び出てくる。まさに赤ん坊に対する母親の気持ちが人間の原点だという。それをハトホルの秘儀と呼んでもいいし愛魂と呼んでもいいし活人術と呼んでもいい。

それを具現しているのが母性本能であり、それが「愛」のいちばん重要な証明になる。

たとえば終戦直後にうちの大学にもやってきたヘレン・ケラー女史。

見えない、しゃべれない、聞こえないの三重苦で生まれてきた人。最初、彼女にとって言葉はない。概念もない。「これが水よ」と教えられても「水」がわからない。いわんやＷ・Ａ・Ｔ・Ｅ・Ｒという文字を教えられてもそれが何なのか理解できない。何もない白紙の状態。そのまま成長したらどこかの特殊施設入りになったかもしれない。

教師のサリバン先生はどうしたか。サ

リバン先生はただの教師ではない、アメリカのスェーデンボルグ協会の会員だった。しかも協会会長の秘蔵っ子だった。三重苦のヘレン・ケラーに彼女は魂で働きかけた。彼女は少女ヘレンの魂を自分の魂で包みこんだ。三重苦とはいえ、人間だから魂はある。魂に働きかけることで彼女の魂が自発的に動き、三重苦を克服する働きをした。それがヘレン・ケラーが後年あれほど流暢に演説し、他人の言葉を理解し、他人と会話できるようになった理由だった。

同様にリハビリの場面でもそういえる。筋肉の神経的な作用で歩けない、立てない等々の障害が残り、歩行困難もある発達障害には、母の愛情に匹敵する優れたリハビリがそれらを再生させる効果を持つ。不具合のところに気が通れば効果があり、その気を導くのが「愛」なのだ。

シュタイナーによれば、人間の魂にとっては肉体がまず第一。まず肉体を成長させることを何よりも優先する。次の段階がエーテル体の成長。エーテル体とは、第一段階である肉体が人間の身体という物質そのものであるのに対して、第二段階のエーテル体は肉体の周りにある生命体であり、いわゆる「気」と呼ばれるものがこれ。それが完成する時期はいわば思春期。大人から自立しようとする思春期は自立を促すために不可欠な時期だ。次がアストラル体。アストラル体は人間の感情の成長とともに完成していく。

まず肉体があり、その周りにエーテル体、さらにその外側にアストラル体がある。愛はアストラル体に働きかける。アストラル体が動けばエーテル体が動き、そうして気が通ることで肉体が動く。

たぶん木村秋則さんの「奇跡のリンゴ」も同じなのではないかと思う。普通にやれば無理だとしても、愛を注げばリンゴだって無農薬でいける。だから子どもも愛情を注げば注ぐほど健やかにすっくと立つ。愛される子どもは力強く立つ。愛情を注がれた赤ん坊はいろいろな面ですごい。まったく肌に触らない、声もかけないで育てたら赤ちゃんはやがて死ぬ。しかしインドのどこかでオオカミに育てられた子はオオカミなりの愛情で育てられた。愛情を注ぐのは本能に従って生きている動物のほうが優れているかもしれない。だから、母親は赤ん坊に愛情を注がなければいけない。

それが愛魂であり、ハトホルの秘儀なのだといえる。

門人からのメール

それを裏打ちするかのように、つい最近、二人の門人からメールをいただいた。

一通は古くからの門人、恒藤和哉さんからのもので次のような内容だった。

「じつは先日の稽古日は、二カ月前から右の膝を痛め捻挫しているようで、走ることはおろか正座も満足にできない状態でした。ですから合気道の講座で愛魂上げの応用の一人合気立ち(「あんよは上手」のこと)で指名を受け、心底困りました。先生の技がかからず先生に恥をかかせることにもなりかねず、技の説明の前に、右膝の故障を先生に申し上げて断らないといけないと焦りました。しかし大学生の方もおり、見学の方もいるなか、言い出せませんでした。ところが、先生が愛魂をかけられると痛みも消え、スルスルと立てました。これはほんとうに驚きでした。絶対に一人では立てない状態だったのですから。愛魂には医療効果もあるのかもしれません」

もう一通は東京道場に入門してくれた女性からのもので、以下に引用させていただく。

「二〇一二年十二月より東京道場にてお稽古に参加させていただいております野村保子です。保江先生のご指導では、愛魂は自分自身で意識的には動かすことができない不随意筋に働きかけて、力ではなく、相手の筋力を利用して思いどおりに動いてもらう技なんですよと教えていただきました。

ある日のお稽古の後、道場で仲よくなったおばさん二人と茗荷谷駅前のイタリアンレストランでお茶を飲みながら自分たちの下手自慢を慰め合って、東京道場ではなんとなくできているような気がするのは、あの場が特別なのだという結論に達しました。要するに、道場全体を保江先生の愛で満たしていただいているから自分たちのような度を越えた素人でも愛魂の技が使えるので、一歩外に出た途端、ごく普通の人間になっちゃうのよねと確認しました。

私の場合、家族に愛魂上げや愛魂起こしを試してみたのですが、まったくダメでした。私は通勤に山手線を使っておりまして、片道二十分が読書の時間です。往復で四十分は誰にも邪魔されず保江先生の著書を読むことができるというわけです。今日も帰りの車内でアマゾンで購入した『魂のかけら』（春風社刊）を読み、自分がいかに堕落した人間で、聞こえるのは悪魔のささやきばかりとタメ息ばかり。『友よ、この祝福を君に贈ろう』とはもったいない……などと思いながら駅の自動改札を抜け大塚の街を家路へと急いで歩いていると、ハンバーガーショップの前で倒れそうになっているご老人と彼を支えている中年のご婦人がいます。傍《そば》に大柄な若い男性と傘をくるくる振り回して立っている同年代の女性が目に入りました。大丈夫かしらと気にはなりましたが、傍についている人たちもいることだしと思ってその場を通りすぎたのですが、なんとも気になって振り返ってみると若い男女の姿はなく、ご老人の身体は硬直し、ななめ十五度くらいに傾いていて、背の小さな中年女性が一人で必死に支えていました。あら大変と思った瞬間、老人はバタンと前のめりに倒れてしまったのです。あわてて駆け寄って抱き起こそうとしましたが、けっこう太っていて岩のように重く、ビクともしません。中年女性と一緒に、やっと四つんばい状態までは老人の身体を起こすことができたのですが、その後はどうにもなりません。

騒動に気づいた店員が出てきて、『交番に行ってお巡りさんを呼んでくるから』と駆け出しました。四つんばい状態のご老人は、救急車はいやだ、国際なんとか病院に連れていけと繰り返し言うのですが、道路の真ん中で四つんばい状態は何とかしなくてはと私は焦りました。

ハンバーガーショップの店先はウッドデッキになっていて、そこに腰かけることができれば本人も楽でしょう。交通の邪魔にもなりません。ご老人の脇に腕を入れてよいしょとやってみても、岩のごとく重くてどうにもなりません。

その刹那、『愛魂起こしだ！』と頭の中で大きな声がしました。その声と同時に、抱えたご老人はウッドデッキに腰掛けていたのです。見た目には、私が抱えて座らせたのです。ご老人は何度も何度もありがとうと感謝の言葉を口に出して言ってくださいましたが、『私じゃない』とわかっているので、一刻も早くその場から離れたいという気持ちのほうが強く、大丈夫ですよね、と確認して逃げ帰ってきました。愛魂（それは神様の愛です）がご老人の不随意筋を無意識のうちに動かして、倒れた者でさえ立ち上がらせたのです……。

私は神の祝福にも気づいていないだけでした。保江先生、ありがとうございます」

予定調和から連鎖調和へ

東京道場でのいつもの稽古が終わって挨拶すると、ビラを配らせてくださいと映画監督で小説家でもある桃江メロンさんがやってきた。彼女には以前から対談を頼まれていたことがあって、今回のお相手は「一水会」の鈴木邦男さんという右翼の大物といわれる御仁だ。僕にとっては右翼も左翼もあまり関係がない。タイトルが「愛について」というので、いいですよとご返事しただけ。彼女は道場のみんなにアナウンスをした。

それを聞いていた九重修さんという東京道場のキーマンが、「え、鈴木邦男、おれはよく知っているよ、あいつのところにはよく泊まりに行ったもんだ」と素っ頓狂な声を挙げた。九重さんによると、鈴木邦男さんは学生時代、「生長の家」のメンバーで、その学生組織の主要メンバーだった。鈴木邦男さんの右翼思想は生長の家で叩き込まれたのだという。鈴木邦男さんはあまりに過激で、当時の全共闘系の左翼としょっちゅうぶつかっていて、結局クーデターのようなかたちで学生組織を追放されたそうだ。そのあとで彼は「一水会」という自前の組織を作って活動を始めたという。

九重さんは「やあ、あいつか……久しぶりであいつのことを思いだすな……」と述懐しきりだった。九重さんは学生の頃から合気道をやっていた。鈴木邦男さんもやはり合気道を一緒にやっていた。僕にとってもその対談は突然降って湧いた話で、右翼でも左翼でもどちらでもいい。いいよと簡単に引き受けた対談相手が、九重さんという東京道場での僕の右腕のポン友で深い縁があり、ずっと五十年前までさかのぼることがわかった。そこには意図もたくらみもない、はからずも引き受けただけ。生長の家といえば谷口雅春さんという創設者のことを野口晴哉さんとの関係で論じたこともあった。

あるひとつのことがスタートとなり、それが必要な人間とつながり、必要な場を生み出して一本の糸につながっていく——そういう構図を感じた。あざなえる縄のごとし、ほほう、これが連鎖調和かと……。

ルルドから帰って以来、そういうことがやたら多くなった。

僕はそれを「連鎖調和」と呼びたい。長いこと耳になじんできた「予定調和」とは違う。予定調和というのは、ライプニッツが見出したもっと平和的なこの宇宙の秩序。この世のすべてが神のご意志であらかじめ作られていて、すべてはそのご意志の下に調和しているという考え方だった。

連鎖調和というのは、そのイニシャティブがもっと人間的な世界、神のいる彼岸《ひがん》ではなく人間たちのいる此岸《しがん》にある。こっちの側にいる人間たちがイニシャティブを握る調和だ。

予定調和というのはこれまでの世界にもあった。神のご意志が初めにありきで、神様のおかげですべてはこうなる――すべて神様が決める調和だった。人間にとっては、遠くの雷を聞くような、人間どもの営みは関係のない、ありがたくいただくしかない、受け身的な穏やかな関係論だった。神様がくださるだけで、自らもぎ取るような予定調和はなかった。迂遠だった。求めても、なかなか求めが得られるものではないし、偉大なる神の叡智がいつかある日来るかもしれないが、それはとても遠かった。

でも、この新しい世界では、もはや受け身ではない。人間たちがもっとアクティブに動き、人間たちの能動的な行為がもたらす調和だ。人間たちが決める世界。あることが起こると、それは一見ただ雪崩的に偶然発生した事象とも見える。しかしその事象が勝手にどんどん自己回転する。一巡すると、それが回り回ってある調和につながっている。一見関係のないあれやこれやが互いにつながっていて、全体を見渡すと、前後左右も上下も、あ、そうか、ちゃんと調和していたんだとわかる――そういう調和の世界だ。

僕が桃江メロンさんに頼まれて、よく存じ上げない右翼の人と会う。それは僕が道場を作ってあちこちで教えていたという以前からの線と、九重修さんという学生の頃から合気道をやってきた門人がいて、彼は学生時代に大学紛争という流れの中で学生同士が対立する姿を見てきた。そのふたつの線が縁結びとなって、対談という調和につながっていく。そこまでさかのぼって、調和になった。よくよく考えてみれば生長の家の谷口雅春さんという創設者については、以前、ある縁からある本の中で少し書いたことがあるし、今回そういうご縁も感じられる。

これは、予定調和などという穏やかな言葉では言い表せない状況だ。もっと意図的に、人間的に、連鎖的につながる状況だ。この新しい世界では、こういうことがザラに起きる世界になった。

自分が動き、決断し、行動すれば、かつては予定調和だと考えられた状況を引き寄せられる。だからそれを「連鎖調和」と名付けようと思った。前のリーマン面の次元では予定調和、今度の次元では連鎖調和。時代は能動的でアクティブだ。意図すれば自分でつかめるという世界。たとえていえば、欲しけりゃもぎ取れの世界。だからちょっと意図すればいい。

「求めよ、さらば与えられん」とキリストは言った。

それがそうなった。二〇一二年の十二月二十二日から。

文字どおり連鎖して調和が生まれていく。人々が求めたそれぞれが連鎖して、そこから時間や場所を超えた、時空を超えた調和が生まれる。そういう意味では、すごい時代になった。だからいい世界なのだ。そこはものすごく濃密なネットワーク、つながり、縁というものが張りめぐらされた世界でもある。自分が選択することで連鎖が起こる。

その意味で実にこの世界はいい世界になった。そんな気がする。

いい加減がいい

昨今流行《はや》りのようなポジティブでなくてもいい。ぐうたらでいい。犬や猫は明日の食い物を悩んではいない。目の前の物を食べているだけ。キリストは「明日のことを思い煩うな」と言った。まさにそうなんだ。そういう生活をしていると、二〇一二年の暮れに、「あれ、世の中が変わった」と感じたようにだんだん何かが見えてくる。だからこの新しい世界にいられるようになるし、その場にいる時間も長くなってくる。

額に汗して、今日中に仕上げなくてはいけないとあくせくしていると、古いリーマン面の次元にどっぷりはまりこんで、エネルギーをそっちに吸収されてしまう。人間にはゆとりや隙間が必要だ。

ネジひとつを見ても、きっちり締まるだけがいいネジではない。ゆるみがちょっとあったほうが、いざというときにうまく対応する。

キチキチに対応していると世界の変化がわからない。こまねずみのようにちょこまかと動くだけではわからない。なぜなら、ぐうたらが世界の主役だから。

ぐうたらで、いい加減にしていると連鎖調和が起こってくる。

「いい加減にしろ」という言葉がある。だらだらやっている人に、まじめに働けという雰囲気で使われるが、これは違う。まじめに一生懸命にやっている人に、いい加減に、適当に、按配よくやれ、というのが真意だ。

飛行機に乗り遅れてもいい、新幹線に乗り遅れてもいい、勉強や仕事で他人に遅れをとってもいい。出世や昇進が遅れてもいいではないか。あくせく働くのはいい加減にして、自分の内にゆとりや隙間を作ろうという意味だ。

道場にやってくるある女性が、

「ここに来ると元気になる。うちで本を読んでいてもいいんだけれど、ここに来るのが楽しい。なぜかというと、自分がとても元気になるのがわかる。だから嬉しい」

とおっしゃった。

あの場を僕は何度も次元転移でギザの大ピラミッドの王の間とつないだ。愛魂でもそれをやってきた。日曜の午後の東京道場にアトランティスの空気みたいなものをとり入れて、何人かはそういう気持ちになる。僕はそういう構造にしてきたつもり。

あの空間から元気をもらう。呼吸困難な人が酸素吸入するように。その元気は他にもうつっていく。すでに何人かにうつっている。あの場から元気をもらった人が別の場に行くと、その元気はまたその場の人にうつる。すると、そこにそういう場ができる。まだ十分ではない人はまた道場に来て元気をもらう。元気が出たらまた行く。そのうち充電がいらなくなる。知らない間にうつる。しばらくしたら、その人は勝手に次元転移する。努力して必死に次元転移を学ぼうというまじめな人間にはうつらない。

人間、ぐうたらでいい。

僕は伯家神道の巫女様にこうお尋ねしたことがある。

どうして神様が僕に現われて、長年やっている他の人たちには現われないのですか、僕だけこんなんでいいのですかと。「祝之神事」を僕に授けてくれた巫女様は笑って、こんなことを教えてくださった。

僕以外の人は伯家神道をまじめに修行することで自分はこのようになるんだという願望を抱き、勉強をしなくてはと一生懸命に努力する。それを克明に記憶して丁寧に控えをとり、全身にやる気をみなぎらせて復習し勉強している。

そして、ふたつのお言葉を最後にくださる。

「あなた様だけです、ぼやっとのんびりなさっておいでなのは」

「でも、それがよいのですよ」

と。たしかに僕は最初から行く気がさらさらなかったし、行けば行ったで、続けて修行しようなどとはこれっぽっちも考えていなかった。神事の合間にも、晩ご飯を何にしようかなどと他のことをぼんやり考えていた。巫女様はそれでいいとおっしゃった。

ぐうたら、いい加減、あくせく勉強しようとは思わない、明日できることを今日はしない。それなのになぜだろう、なんで僕のところばかりに来るんだろうといつも思っている。どうもいい加減なところに神様はやってくるような気がする。

いや、そうではない。いい加減にしていないと神様は絶対に来てはくださらない。

ルルドでご一緒だった迫登茂子先生はまさにいい加減のお手本だった。先生をもって、いい加減の極致というべきだろう。ノートルダム大聖堂の正門前で、迫先生は何にも考えずに一歩足を前に出しスルスルっと大聖堂の中に入ってしまった。僕は入っていけないと考えていたから身動きできなかった。うまくやろうとコソッと足を踏み出したら、その瞬間、警備の人に止められる。何にも考えずにいい加減のままだったから入っていけた。あのときの一歩は大きい。あの一歩は、ちょっと遅れても早くても止められていた。あの絶妙なタイミングだからこそ中に入っていけた。いい加減な迫先生のいい加減な一歩。迫先生はまさにいい加減の先生だった。ルルドツアーは、いい加減な旅だったのだ。

$$i\hbar\frac{\partial\psi}{\partial t}=H\psi$$

シュレーディンガー方程式

神様と霊が住む場所

神や霊、あるいはスピリットと呼ぶのか、そんなものがあるならいったいそれはどこに存在するのだろうか?

この難問中の難問の答は、シュレーディンガー方程式が教えてくれる——というのが僕の考えだ。

シュレーディンガー方程式はこの世のスタイルで書かれているが、じつはこの世を超えた外の世界について書かれている。ディラック方程式はこの宇宙内の電子場の振る舞いについて、あるいはクォーク場の振動について書かれている。電磁場についてはマックスウェル方程式によって記述されている。それらはこの宇宙内の動きを表すものだ。現代物理学においてはクォーク場、電磁場、電子場、それ以外にももっと場がある。スーパーストリング理論（超弦理論）と呼ばれる紐の場も、メンブレンというクラゲのような場も登場する。

それらは必ずしも三次元というこの宇宙の広がりのことだけを表現するわけではなく、余剰次元という外の次元まで届く理論だ。今のところ、いちばん先にあるのは二十六次元といわれるが、これもしかとはわかっていない。もうちょっと先の五十次元、百次元まで行くかもしれない。でもたかだかその程度だ。この宇宙内という場合には、そんなわけで二十六次元、五十次元、百次元の世界というように考えている。

物理学を基本として科学的に記述できるのはすべてこの宇宙内の現象で、スーパーストリングやメンブレンまで入れても、この宇宙内の現象にすぎない。そこには我々の身体を含めてあらゆる物質や光の構成要素である素粒子が、場や紐やメンブレンの振動形態として存在している。しかし、そのように宇宙の中に確固として存在する場や紐やメンブレンの振動形態の変化の可能性を記述するシュレーディンガー方程式は宇宙内の方程式ではない。じつはこの世のものではない。

では、いったい何なのか。

それは無限次元空間と呼ばれる対象であり、この世のものとはまったく無縁のもので、それは「ヒルベルト空間」と呼ばれる。無限次元ヒルベルト空間というものがあり、その中のベクトルがこのシュレーディンガー方程式に従って動くというわけ。そして、この無限次元ヒルベルト空間は宇宙の広がりを表すたかだか百次元程度の空間の、はるか外側に存在するのだ。

ということは、この世界の物質現象を突きとめ予言するために、我々はこの世界のずっとずっと外側までをも知る必要があることになる。ほんとうに、それなしに知ることはできないのか？

残念ながら、できない。

有名な物理学者アインシュタインはこの考えに猛反対した。そんなわけのわからないあの世の方程式なんか持ち出してきて、いったい何をするのか！　そんなことやめろと、本気で猛反対した。一九二〇年代の頃のことだ。アインシュタインと論争したデンマークの物理学者ニールス・ボーアは、いや、そうじゃない、どうしてもあの世のことがわからないと、この世のことが定まらないのだと大喧嘩した。

そんなことをあからさまに一般の人に話すと、とんでもない誤解を生むので、通常、物理学者は言わない。じゃあどうするのかというと、これは無限次元ヒルベルト空間のベクトルですと言うだけにする。これなら、あの世などと言わないで済む。物理学者が無限次元ヒルベルト空間のベクトルだと言ったら、一般の人は黙る。ところが、スピリチュアル系の人々の場合は、正直にあの世とか霊とか言うから一般の人たちや科学者たちとトラブルになる。無限次元ヒルベルト空間のベクトルが、「そこに、ほら、そこにも飛んでいます」と言えば世間は黙るというのに……。

まあ、こんな突拍子もないことを考えている物理学者は、僕をおいてほかにはいないはず……だった。しかし、いたのだ。しかも、物理学者に加えて哲学者でもあり、キリスト教の宗教家でもある！

ある哲学者

ある哲学者がやってきた。

つい最近、お目にかかりいろいろ会話しているうちに、一緒に共同研究しようということになった。この方は末久和男先生。東京のキリスト教系大学の教授でプロテスタントの信者でもある物理学者。東大の物理を出て博士号を取り、スイスのジュネーブとフランスにまたがっている欧州共同原子核研究所ＣＥＲＮ（「セルン」）の理論部で素粒子論の最先端研究に携わっていた。僕よりも年配の方だが、ジュネーブに来られたのは僕より後なので現地でお目にかかることはなかった。

その方がＣＥＲＮで、世界中から集まった素粒子論専攻の優秀な理論物理学者と一緒に研究していて、ある日こう悟った。もうこういう連中とはやっていられない、こいつら素粒子論については頭が働き、めちゃくちゃ優秀だ。でもそれ以外は何もない、マシンのようだ。とても俺はそうはなれないし、このままやっていく自信がない。こんな連中相手に、もうやっていられない。それを聞いた指導教授が、「じつはおれもそうなんだ、素粒子論は飽きた。そろそろ素粒子論をやめようと思っていた。おれもオランダに帰るから一緒に哲学でもやらないか」と彼を誘った。

素粒子論の人間にとって、哲学はわりと近い領域だ。普通の哲学者を言い負かすほどの素養をたっぷり持っている。彼は結局、哲学という分野に身を置くことになった。ちょうどプロテスタントの宗教家でもあったので、倫理観についての哲学的思考やその考察になじむことができた。

その後、日本に帰り、東京にあるキリスト教系の大学で哲学を教えている。今では日本のその分野での第一人者となった。その道の著書も多数ある。その中で倫理観、道徳心、つまり他人のために自分はどうあるべきか、そしてその根源はどこにあるのかという問いかけを突き詰めていくと、神、スピリット、霊あるいは魂という存在にぶつかった。宗教家でもあるのでそういうところへたどり着き、やがて、それらが本当に実在するのかということを科学的に証明したいと思った。

彼はもともと物理学者であり、素粒子論を場の量子論を用いて研究していた人だから、そういう道具を使って神、スピリット、霊などがこの世界に存在するということを、理論物理学の枠組みの中で論理的に証明したいと考えていた。ついては、君も手伝ってくれないか——そういうお申し出だった。

僕が、「なんでこの僕なんですか」とうかがうと、物理学者の中で一応きちんと業績を残し、かつスピリチュアルなことを平気であちこちで発言しているし、今さら失うものがないだろうというお返事だった。自分はプロテスタントの信者であり宗教家でもあるので、ほんとうに神は存在すると信じている。そうでなければペテン師になってしまう。自分でも信じているから他人に布教できる。

かつては物理学者、今は哲学者だが、神は存在する、スピリットや霊も存在する——これをどうしても物理学で証明したいとおっしゃる。それを証明する場の量子論の枠組みをいろいろ調べていくと、僕と治部さんが以前発表していた脳組織と電磁場の相互作用によって人間の意識が生まれるとする「量子場脳理論」の枠組みにたどり着いたとか。その枠組みを脳組織の外にも使えば、人間の意識が脳の中に存在するということと同じ程度の科学的考察によって、霊がこの宇宙の中に存在するということを証明できるはずだ——という遠大な計画だった。

僕が考えた理論

あれは冶部眞里さんといっしょにやった研究テーマだった。大腸癌になる前の、今からかれこれ二十五年前に始めた研究であり、ざっと説明すれば次のようなものだ。

電子もフォトンもクォークも、素粒子はすべて電子場や電磁場あるいはクォーク場の波でしかない。岩などは頑丈な固体のように見えるが、それは電磁場の波である光がやってきてこの固体の表面近くで固体を構成している電子などの素粒子である波に当たり、それが相互作用して、また電磁場の波が沸きたって固体から放たれていく。固体を作っている波と光の波がぶつかり、その光の波が人間の目に入る。すると我々はここに固い物があると判断する。それは我々の自我意識がそう勝手に判断しているだけで、じつはこの宇宙の中は、波、波、波――すべて波でできている。結果として脳も身体も、この鉛筆もノートも、物質はすべて波だ。

その背後で、波のすべての動きを規定しているものは無限次元ヒルベルト空間だということになる。冶部さんと僕がちょっと有名になったのは、この宇宙の中のさまざまな現象を無限次元ヒルベルト空間であるあの世で記述するためには、あの世の次元の数は単なる「無限」では足りなくて「連続無限」という想像を絶するほどの大きな無限が必要なのだと主張した物理学者梅澤博臣博士の考えを、脳組織における意識発生メカニズムの解明に応用したことだった。梅澤先生の理論は、昔の物理学者にはわからなかった。これまでのヒルベルト空間の無限次元の「無限」程度では、じつは足りない。足りないどころか、固体の存在すらそれでは示すことはできないとまで主張するのだから。

末久先生はその研究内容を論文で読んでくださって、これだ、この量子場脳理論の枠組みをそのまま脳組織の外の現象に使えば、神や霊の存在を物理学の中で証明できるのではないかと考えたというわけ。

岩や脳組織といった物体の存在を示すために必要なのが、連続無限次元ヒルベルト空間。だから背後にある「あの世」である連続無限次元ヒルベルト空間というのはまことに広大。宇宙の中の五十次元や百次元などの比ではなく、そんななまやさしいものではない。その世界から見ると、有限次元の宇宙の中のすべての現象が規定されてしまう。

すると神とか霊はどこにいるか。

この宇宙あるいは世界の中には、少なくても神はいない。もし神や霊という存在があるなら、それはたぶん宇宙の外にある連続無限次元ヒルベルト空間にしかいない。この連続無限次元ヒルベルト空間というのは、次元の数がずーっとベターっと続いているまさに果てしない無限なので、いろんなところに霊がいても見えない。一個二個と数えられる加算無限ヒルベルト空間だったら数学的に全部見えるから、そこには霊や神様の入る余地もなかった。だから物理学的にもそれらを正当化できるわけもなかった。しかし本当はベターっとした連続無限次元ヒルベルト空間が物理現象を規定するのに必要だった。

こうして、その末久先生はこの僕を共同研究者に指名してきたのだ。普通の物理学者であれば、こんなトンでもない研究に手を貸したら最後、それまで築き上げてきたすべての名声を失ってしまいかねない。しかし、僕ならそんなマイナス面を無視するかたちで賛同するはず——そう確信した上で提案してこられたようだ。まあ、それに日本物理学会には僕はもう入っていないので、少々何をやっても問題ではないだろう。おまけにすでに『愛の宇宙方程式』とか『伯家神道の祝之神事を授かった僕がなぜ』というようないかがわしいタイトルの本を出しているし、日本物理学会からはどうせもう帰ってこなくてもいいと言われるだろうから、それもよいだろう。

でもそうやって仲間が寄ってきてくれた。末久先生は哲学者とはいっても、もともとは物理学者。CERNでバリバリの素粒子理論に取り組んでこられた方だ。そのような方がここまで執念を燃やして神や霊の存在、この世の森羅万象を制御する何者かの存在を物理学で証明しようと考えている。神、霊、あるいは天使、そんなものが物理学の中にはあるんだよ、そういうものの存在を許す枠組み、度量、隙間があるんだよと。それはニッチでもなんでもない、連続無限次元であれば、隙間のほうがもっと広い。

　そうういうところまで物理学は進歩してやっとたどり着いた。

　もちろん、まだまだ極端な少数派。スーパーストリング理論でさえ物理学者の一割ぐらいしか信じていない。この連続無限次元ヒルベルト空間の理論は一分もいない。少数派も少数派、極論すれば世界中に数人いるかいないかだろう。日本では、たぶん末久先生と僕の二人だけ。でも少数派だからといってそれが嘘だとはならない。今までの物理学のいろいろな新発見を見ると、少数派の中から新発見は出てくる。多数派は新しいことを生み出していない。つまり神や霊の存在を証明できる確率はゼロではない。

　そう思って末久先生の共同研究のお申し出を受けることにした。

　理論物理学というのは話し合っているうちにアイディアがいろいろと沸いてくる。結局これは面白い、このように持っていけるのではと気づけた――人間の意識が脳という組織の中で生まれるのと同じ物理学的メカニズムによって、この宇宙の中に霊が生まれるということもいえると。だから我々人間の意識があるということ自体が、霊が宇宙の中に存在することの物理学的に確固たる証明になる。二人はこのように意気投合し、今後議論していこうということになった。

アメリカのプロテスタントの会派がやっているミッションは、世界中の科学者に補助金を出す。科学者がスピリチュアルな観点について科学的な枠組みから切り込むようなことをしてくれたら相応の研究費を出すというのがそこの会派の姿勢で、末久先生はそれに応募しようと思っている。彼が全体を押さえ、哲学的なとりまとめをするので、僕には量子場脳理論と同じからくりで宇宙には神も霊も存在しうるという理論を担当してほしいということだった。他に参加していただく物理学者の名前をいくつか挙げ、臨床現場、つまり人の身体を切ったり貼ったりという部分が欠けているとおっしゃったので、東大医学部の矢作直樹先生のことを伝えると、ぜひ紹介してほしいということになった。

さあ、面白くなった。

そう、ベクトルがみんな同じ方向を向きはじめている。

（あとがき）

結局のところ、僕はお釈迦様の掌の上で右往左往していた孫悟空だったのかもしれない。二〇一二年十二月二十二日からいったいこの世界がどのように変わったか、あるいは変わりつつあるのか？

その答を求めて、自分の周囲にアンテナを張りめぐらせてきた。そうしてわかったのは、たしかにこの世界は変貌を遂げつつあるということ。そして、新しい世界には連鎖調和と呼ばれる、すべての人たちそれぞれが生み出し、奥深いところで目に見えないつながりとして知らず知らずのうちに我々自身を見事に導いてくれる力が備わっていることにも気づけた。

変化がスタートする以前の古い世界においては、予定調和と呼ばれてきた、神様によってあらかじめ置かれていた布石のような目に見えないつながりのみが我々を導いてくれていた。それに比べれば、現在なお進行中の変貌によって塗り替えられつつあるこの世界では、一人一人が神様の役割の一端を担うことができるという意味で、我々の未来はより明るいものとなるのではないだろうか。

そんなすばらしい発見をして少なからず悦に入った顔をしていたはずの僕は、しかしこの

（あとがき）


新しい世界でより多くの連鎖調和の恩恵にあずかるための生き方についてまでも気づいた時点で、半ば茫然自失となる。なぜなら、新世界でのそんな最良の人生をすでに古い世界のときから先取りしていた人物がすぐ近くにいたのだから。

それは、この僕を再び聖母マリアの待つフランスのルルドへと導いてくださった迫登茂子さんであり、孫悟空に当たる僕がその掌の上で走り回る様子を、まことに愛情深い面持ちで見守っていたお釈迦様そのものといえる。

ひょっとすると、迫登茂子さんが古い世界の中で一人超然と生きながら、「みんないい人ね」と微笑み続けてくださったからこそ、この世界はやっと彼女に追いつき、彼女がそこに存在し続けるのにふさわしい新しい姿へと変貌しているのではないだろうか。

そう考えると、実に心地よい嬉し涙がこぼれてくる……。

めでたし、めでたし。


二〇一三年八月二十五日、猛暑に一段落の岡山にて

著者記す

保江邦夫（やすえ・くにお）
1951年岡山市生まれ。UFOの操縦を夢見る宇宙少年は東北大学で天文学を、京都大学大学院、名古屋大学大学院で理論物理を学んだ。その後ジュネーブ大学理論物理学科講師、東芝総合研究所研究員を経て、82年からノートルダム清心女子大学教授。理学博士。生死の境をさまよう大病をマリアさまと白鳩への祈りで乗り越えるなど、多くの奇跡を経験する。わが身の軟弱さを克服するために取り組んだ合気道をキリストの活人術による「愛魂《あいき》」へと昇華させ、「冠光寺眞法」として取り込む。かくして森羅万象に通底するものは愛だとの認識にいたる。物理学関連著書のほか、『合気開眼』『唯心論武道の誕生』『路傍の奇跡』『合気の道』（海鳴社）『魂のかけら』（春風社・ペンネーム佐川邦夫）『愛の宇宙方程式』『人を見たら神様と思え』（小社刊）『伯家神道の祝之神事を授かった僕がなぜ』（ヒカルランド）など多数。http://www.kankoujiryu.com

予定調和《よていちょうわ》から連鎖調和《れんさちょうわ》へ

初刷　2013年9月27日
4刷　2018年10月10日

著者　保《やす》江《え》邦《くに》夫《お》

発行人　山平松生

発行所　株式会社　風雲舎
〒162-0805　東京都新宿区矢来町122　矢来第二ビル
電話　〇三―三二六九―一五一五（代）
FAX　〇三―三二六九―一六〇六
振替　〇〇一六〇―一―七二七七六
URL　http://www.fuun-sha.co.jp/
E-mail　mail@fuun-sha.co.jp

印刷　真生印刷株式会社
製本　株式会社　難波製本

落丁・乱丁本はお取り替えいたします。（検印廃止）

ISBN978-4-938939-73-1

風雲舎の本

いま、目覚めゆくあなたへ
――本当の自分、本当の幸せに出会うとき――
マイケル・A・シンガー［著］
菅 靖彦［訳］

自らのアセンション。内的な自由を獲得したければ、「わたしは誰か？」とひたすら自問しなさい。心のガラクタを捨てる――。すると、人生、すっきり楽になる！

（四六判並製　本体1600円＋税）

遺稿 淡々と生きる
――人生のシナリオは決まっているから――
小林正観［著］

「ああ、自分はまだまだだった……」天皇が元旦に祈る言葉と、正岡子規が病床で発した言葉は、死と向き合う著者に衝撃を与えた。そして、到達した「友人知人の病苦を肩代わりする」という新境地。澄み切ったラストメッセージ。

（四六判並製　本体1429円＋税）

麹のちから！
100年、麹屋3代　山元正博［著］

食べ物が美味しくなる／身体にいい／環境を浄化する／ストレスをとる／……麹は天才です

（四六判並製　本体1429円＋税）

愛の宇宙方程式
――合気を追い求めてきた物理学者のたどりついた世界――
ノートルダム清心女子大学教授
保江邦夫［著］

自分の魂を解放し、相手の魂を包み込み、ひたすら相手を愛すること。それが愛魂（あいき）だ。UFOが飛ぶ原理も、愛魂の原理も、同じ「愛」だった。

（四六判並製　本体1429円＋税）

人を見たら神様と思え
――「キリスト活人術」の教え――
ノートルダム清心女子大学教授
保江邦夫［著］

活人術の世界へようこそ。ここには愛があふれています。生き方がガラっと変わります。活人術は、そっとそこにいて、相手に気づかれず、天の恵みを注ぎ、森を育てる小ぬか雨です。

（四六判並製　本体1429円＋税）

身体の痛みを取るには気功がいい！
小坂 正［著］

触れば治る！ 思えば治る！ 気功のあと、患者さんのほとんどが、身体が軽い、楽だ、信じられない、「何、これ？」というような驚きを見せます。「これまで苦しんだ×年間は何だったんでしょう？」と戸惑う方もいます。気功治療の実例を網羅。

（四六判並製　本体1429円＋税）